新农民书架系列

农民
社交宝典

陈文胜 主编　袁媛淑 编著

北京师范大学出版集团
BEIJING NORMAL UNIVERSITY PUBLISHING GROUP
安徽大学出版社

图书在版编目(CIP)数据

农民社交宝典/陈文胜主编;袁媛淑编著.—合肥:安徽大学出版社,2016.4
(新农民书架系列)
ISBN 978-7-5664-1113-6

I.①农… II.①陈…②袁… III.①心理交往-通俗读物 IV.①C912.1-49

中国版本图书馆 CIP 数据核字(2016)第 107151 号

农民社交宝典

陈文胜 主编
袁媛淑 编著

出版发行:	北京师范大学出版集团 安 徽 大 学 出 版 社 (安徽省合肥市肥西路3号 邮编230039) www.bnupg.com.cn www.ahupress.com.cn
印　　刷:	合肥华星印务有限责任公司
经　　销:	全国新华书店
开　　本:	170mm×230mm
印　　张:	8.25
字　　数:	148千字
版　　次:	2016年4月第1版
印　　次:	2016年4月第1次印刷
定　　价:	29.50元

ISBN 978-7-5664-1113-6

策划编辑:李 梅 武溪溪　　　　装帧设计:李 军
责任编辑:武溪溪 李 栎　　　　美术编辑:李 军
责任印制:李 军

版权所有　侵权必究
反盗版、侵权举报电话:0551-65106311
外埠邮购电话:0551-65107716
本书如有印装质量问题,请与印制管理部联系调换。
印制管理部电话:0551-65106311

序

中国是历史悠久的农业大国,农民是中国农耕文明的缔造者,是中国历史前进的重要推动力量。不懂中国农民,就读不懂中国历史,就不能深刻理解中国的国情。当前,按户籍统计,全国还有超过一半人口是农民,农民仍将是中国现代文明的重要推动者和主体力量。因此,中国城镇化是农民的城镇化;中国全面小康的关键是农民的全面小康;中国现代化的核心是农民现代化;实现中国梦,首先要实现中国农民的富裕梦。

随着我国经济进入新常态,经济社会发展呈现出新的特征,培育适应新时代要求,具有新观念、新素质、新能力的新型农民成为一项十分重要和迫切的任务。一是新常态下,我国经济从重视总量增长进入了全面提升质量的阶段,以往粗放发展的时代也将随之过去,重视创新驱动的供给侧结构性经济改革,预示着中国经济正在进行全新的调整,新常态改革正在呼唤经济主体的素质提升,新农民的培育成为客观必然。二是中国第一代进城农民工在城市就业方面正在遭遇产业结构调整的阵痛与考验,新生代农民工融入城市或回归农村均存在不同程度的不适应性,而不管是进城还是回归农村,都要经受自身素质和能力的严峻考验,只有用现代科学文化知识武装农民,提升农民的素质与能力,才能确保每一位农民在全面小康建设中不掉队。三是农业的多功能时代已经开启,农村一二三产业融合互动的趋势越来越明显,传统农业向现代农业转型的道路越走越宽广,为促使农民从传统产业中走出来,成为推动新产业、新业态发展的现代市场经营主体,在发展农村先进生产力的同时实现增收致富,需要不断提升农民的素质与能力。因此,在科技日新月异、信息化成为大潮流的时代,在经济社会转型发展、城乡一体化快速推进的新形势下,解决农民问题,就是要加快培育适应现代化发展的新农民。

　　由湖南省农村发展研究院研究团队编写的《新农民书架系列》丛书,是一套由三农专家学者面向农民朋友编写的通俗读本。本丛书从现代新农民的基本素质和基本能力要求入手,介绍了做一名新农民所需的基本知识,力求提高农民在新时代的生存与发展能力。本丛书与当前其他农民读物相比,具有三个鲜明的特点:一是深入浅出,读得懂。通过讲故事,说道理,用农民的语言、举农村的事例来介绍知识、培养能力,使农民看得懂。二是内容丰富,用得上。本丛书选择了农民在新时代必须掌握的一些知识进行阐述,涉及农民的交往、学习、就业、创业、管理、理财、维权等诸多方面的内容,内容全面,对农民具有很强的实用性。三是简洁具体,可操作。本丛书在讲故事说道理中,选取关键的知识,通过传授使用实用妙招,指出知识运用的技巧,使农民朋友可以操作,是一套比较接地气的农民丛书。

　　在工业化和城镇化进程中,农民是市场竞争中的弱者。统筹城乡发展,推进城乡发展一体化,根本在于提高农民的素质和能力。只有农民强大,中国才会整体强大。

陈文胜
2016 年 4 月

目 录

第一章 个人交往礼仪 ... 1
　一、仪表:展示自我的名片 ... 1
　二、见面:获得认同的起点 ... 5
　三、握手:开启交往的钥匙 ... 8
　四、拜访:架设感情的桥梁 ... 11
　五、电话:心灵感应的纽带 ... 14
　六、乘车:给人美好的形象 ... 17
　七、开车:常敲安全的警钟 ... 21
　八、问路:外出必备的学问 ... 23

第二章 公共交往礼仪 ... 27
　一、进城:感受到你的教养 ... 27
　二、做客:得到别人的尊重 ... 29
　三、求职:恰当地展示特长 ... 33
　四、住宿:享受旅行的快乐 ... 36
　五、就餐:赴宴做客的嘉宾 ... 39
　六、春节:入乡随俗的讲究 ... 42
　七、生日:点燃亲情的蜡烛 ... 45
　八、婚庆:幸福快乐的彩排 ... 47
　九、丧事:简朴庄严的仪式 ... 50

第三章 村民活动礼仪 ·············· 55

- 一、村民大会守规则 ·············· 55
- 二、村委会竞选需演说 ············ 57
- 三、乡村赶集尊重习惯 ············ 60
- 四、表彰会上竞风采 ·············· 63
- 五、座谈会上显水平 ·············· 65

第四章 家庭成员相处礼仪 ·········· 73

- 一、简单家庭要处理繁杂关系 ······ 73
- 二、尊老爱幼百善孝为先 ·········· 75
- 三、夫妻相处以礼相待 ············ 78
- 四、妯娌和谐贴心沟通 ············ 81
- 五、婆媳关系互让互爱 ············ 84
- 六、子女教育不能溺爱 ············ 89
- 七、幸福一生正确婚恋 ············ 91

第五章 城乡交往礼仪 ·············· 95

- 一、以诚相待朋友多 ·············· 95
- 二、城乡交流生意好 ·············· 98
- 三、取长补短进步快 ·············· 101

第六章 谈话与谈判礼仪 ············ 104

- 一、聊天是值得终生学习的知识 ···· 104
- 二、赞美或批评别人要把握分寸 ···· 107
- 三、聊天也能聊出机会来 ·········· 114
- 四、自己的谈判要把握主动权 ······ 118
- 五、把握技巧才能从容应对谈判 ···· 121

第一章
个人交往礼仪

在中国民间流传着这样一句话:有礼走遍天下,无礼寸步难行。中国素来是礼仪之邦,礼仪对中国人来说是非常重要的,无论是穿衣吃饭、行路住宿,还是走亲访友、求职办事,甚至是乘车问路、见面打招呼,都离不开"礼仪"二字。礼仪不仅可以提升个人素质,建立良好的人际关系,维护个人、企业和国家形象,还可以体现一个人的道德修养。一个人若毫无礼仪可言,那么他在学习或工作中将会碰壁,因为没有人愿意和这样的人相处。

一、仪表:展示自我的名片

俗话说"人靠衣装马靠鞍"。得体的服饰,不仅可以把自己打扮得漂漂亮亮或者英武帅气,而且可以反映一个人的品位、气质和尊严,能传递出一个人的修养、性格、爱好和追求,体现出服饰的私人性。熟悉服饰礼仪,可以给别人留下深刻而完美的印象,在人生的路上就会多一位朋友;给自己增强自信,多一份成功的信心。

故事再现

小老板相亲被抛弃

小张是一个承包工地的小老板,虽然手头赚了点钱,但是文化水平不高,他想找个有文化的女朋友。一次,熟人给他介绍了一位女研究生,他非常高兴,去相亲时特意打扮了一番:他上身穿着自己最喜欢的西装,下身穿着一条运动裤,腰上除挂着钥匙串外,还别着一个鼓鼓的钱包,脚上穿着平时舍不得穿的耐克旅游鞋,脖子上挂着粗大的金链子。见到相亲对象后,小张非常满意,但女研究生跟他冷冷谈了几句就借故走了。后来亲戚告诉他,女研究生觉得他穿着太不得体,尽管他有钱,但人家怕今后无法沟通,没有共同语言。

故事分析

服饰礼仪坏大事

服饰礼仪是一个人心灵的外在反映,也是一个现代人的修养问题,不懂服饰礼仪,可能会坏了自己的大事。故事中的小张并非没有钱,也不是没有地位,可以从他穿着名贵的衣服、带着吓人的金项链看出。但是,他不懂服饰礼仪,着装粗俗,显摆露富,吓跑了美丽的女研究生,坏了他人生的大事。虽然女研究生"以貌取人"不完全正确,但是她通过小张的穿戴判断他们没有共同语言甚至很难沟通却也不假。

实用妙招

如何做到仪容端庄

(1)保持身体干净无异味。主要是勤漱口,保持口腔的清洁无异味;勤洗手,保持手部的清洁,指甲缝里无污垢;勤换袜子,保持脚部的清洁无异味;勤换衣服勤洗澡,保持身体的清洁无异味。同时,还要注意眼部不要出现眼屎等异物。

(2)保持头发清洁无异物。主要是常洗头发,常理头发,常整头发。保持头发洁净、无头皮屑,保持头发长短合适。很多时候,我们看到不少人穿着光鲜,可头发不是乱糟糟、油乎乎,就是充满头皮屑,大煞风景,让人不愿靠近。

(3)保持脸部滋润不粗糙。与其说在粗糙的脸上涂脂抹粉,还不如打好基础,让肌肤多"喝水",做好脸部的护理,保持脸部的光洁和水分,让皮肤富有弹性。只有在这样的基础上,再进行细致的化妆,才能自然动人。

延伸阅读

做个仪态端庄的人

端庄的仪容彰显良好的个人形象

仪容端庄有助于树立个人形象,反之,则有损个人形象。爱美是人的天性,但并不是每个人都天生知道如何把自己扮美、扮靓。有些爱美的农家大姐,喜欢浓妆艳抹,担心别人不知道自己化了妆。她们脸上扑着厚厚的脂粉,唇上涂着浓浓的口红,可是皮肤粗糙、嘴唇干裂。其实最好的妆容是看上去不像化了妆。所谓"清水出芙蓉,天然去雕饰",不是不要打扮,而是打扮要精致无痕,让自己的妆容看上去就像天生的一样。农家大姐在繁重的劳动之余,愿意花心思打扮自己,这是值得称道的,但是需要学习一些相关的知识,以免弄巧成拙。

仪容端庄的基本要求:脸部化妆注意三不同

(1)注意不同的肤质选择不同的化妆方法。肤白的农家女子,保持肌肤水润即可,无需再扑粉,否则,会有"妖艳"之嫌;肤黄和肤黑的农家女子,不宜盲目增白,否则,会适得其反,达不到扮靓的效果。肤黄的女子宜选择橘色的妆容,肤黑的女子化妆有三忌:一是忌把脸涂得过白,否则,会显得很奇怪;二是忌打红色腮红,这样会显得肤色更黑,宜选择橘色腮红,这样看起来气色更好;三是忌性感红唇,宜选用颜色更深的酒红色口红。总之,皮肤黑的女子保持皮肤光洁有弹性就很好了。

(2)注意不同的年龄选择不同的化妆方法。年轻的女性宜化淡妆,保持少女的活力,过浓的妆会失去少女应有的活力。中年女性皮肤开始失去光泽与水润,要在充分滋润皮肤的基础上化稍浓的妆,否则,会导致粉底突兀,不如不化妆。年老的女性忌扑粉,保持皮肤滋润即可。

(3)注意不同的时间和场合选择不同的化妆方法。日常生活和一般社交场合宜化淡妆,只有在晚间的娱乐活动、舞会、宴会才可以化浓妆。

饰品佩戴讲究四个原则

(1)以少为佳。饰品的佩戴宜点到为止,恰到好处,而不是浑身上下珠光宝气。否则,不仅没有美感,反而让人感觉在炫富或俗气。佩戴的饰物最多不要超过3样。记住:女人的格调品位,与她所戴的首饰数量成反比。

(2)同质同色。耳朵上挂着金耳环,脖子上戴着铂金项链,手上套个玉镯子,脚上还系个银链子,给人的感觉就是一个大杂烩。如果实在不能保持同质,但又特别想戴,切记一定要保持同色。如铂金项链＋银镯子,虽然不同质,但最起码从外观来看,保持了和谐一致性。

(3)符合身份。饰品佩戴要和自己的年龄、性别、职业和工作环境保持一致。如年龄较大,还戴一个设计天真可爱的项链,会给人一种滑稽、不稳重的感觉。

(4)符合传统习俗。有些饰品的佩戴反映着一定的民俗风情,如戒指的佩戴,按照我国的习惯,订婚戒指一般戴在左手的中指,结婚戒指戴在左手的无名指;若是未婚姑娘,应戴在右手的中指或无名指,否则,就会令许多追求者望而却步了。

避开五个忌讳

(1)过分暴露:袒胸露背、暴露大腿、脚部和腋窝,在大庭广众之下打赤膊。

(2)过分透明:如穿透视内衣、内裤等服装,不够庄重。

(3)过分短小:为了标新立异而穿着小一号的服装,在正式场合穿短裤、小背心、超短裙等。

(4)过分紧身:为了展示线条,穿过于紧身的服装,把自己打扮得太性感。

(5)过分时髦:穿奇装异服,显得不合群、不稳重、不成熟。

着装的细节

(1)穿西装。在正式场合穿西服套装时,全身颜色必须限制在三种以内,否则,就会显得不伦不类;同时,色彩必须协调,鞋子、腰带、公文包的色彩必须统一起来,一般以黑色为宜。穿西服要注意三种情况:袖口上的商标要拆掉,要穿皮鞋并配衬衫、系领带,不能只穿T恤衫、汗衫、棉毛衫等。

(2)穿衬衫。男性衬衫有内穿和外穿之别。内穿衬衫合体,穿着严谨,也就是穿在外套内的应选内穿衬衫;而外穿衬衫较宽松,穿着随意,适合于直接以衬衫为外衣的场合。目前,国内市场售卖的普遍是内外都可以穿的传统型衬衫,内穿的极少。正规场合应穿白衬衫或浅色衬衫,配以深色西装和领带,以显庄重。衬衫袖子应比西装袖子长出1厘米左右,这既体现出着装的层次,又能保持西装袖口的清洁。衬衫领子的大小以能塞进一个手指为宜,脖子细长者尤忌领口太大,否则,会给人羸弱之感。不系领带穿西装时,衬衫领口处的一粒纽扣绝对不能扣上,而其他的纽扣则必须全部扣上,否则,就会显得过于随便和缺乏修养。

(3)穿裙装。对于女性来说,得体的裙子会让人亭亭玉立,光彩照人,所可以说"裙装是服装的王后"。裙装的美主要表现在它的造型优雅、轮廓多变,最能体现女性的俏丽风姿。紧身裙、公主裙等能展现女性线条美，弥补了很多女性形体上的不足。同时，裙装的多姿多彩和精美装饰为女性追求个性美创造了条件。种类繁多的裙装面料，为不同季节、不同款式的裙装提供了多种选择。各类丝绸衣料，能强调裙装的款式，给人们以活跃、鲜艳、丰满的感觉，是制作旗袍、晚礼服的最佳面料；丝麻混纺、透明的绉纱面料，是夏季连衣裙的最佳选择，能展现出一种朦胧美；一些无光泽的棉布、薄呢等制作的裙装，给人以稳重、高雅的感觉，十分适合日常穿用；厚重呢绒制成的秋冬季半截裙，显得庄重、沉着。现代女性由于职业、地位、年龄、爱好的差异，对裙装有着不同的要求。青年女性更喜欢短裙，它简洁清丽，能展现女性曲线，拔高身材，较流行的款式有紧身短裙、灯笼短裙、无腰短裙、迷你裙等。中老年女性多喜欢筒裙和旗袍裙。职业女性多穿着西装套裙，多把注意力放在裙装的格调上，或长上衣、短裙子，或短上衣、长裙子，剪裁合体，色彩典雅，充分体现个性，增强自身的感染力。穿裙子时，要注意裙、鞋、袜搭配。鞋子应为高跟或半高跟皮鞋，颜色要与裙色相配；袜子一般为尼龙袜和高统袜，颜色宜为单色。

特别提醒喜爱穿裙装的各位农家姐妹：中年或者老年女性忌穿小短裙，这个年龄段最好是穿中长裙，方显大方、得体。同时，爱穿裙装的姐妹们千万要避免三大不雅坐姿：一是避免两腿叉开；二是避免与人面对面坐着；三是避免跷二郎腿。这三大不雅坐姿可能会引来不必要的麻烦和尴尬。因此，爱穿裙子的你，最好在里边配穿四角裤，同时，尽量选择高一点的座位，把双腿向一侧倾斜，以防不雅。

（4）穿制服。制服是指由某一企业或单位统一制作，并要求某一部门、某一职级的员工统一穿着的服装，也就是指面料统一、色彩统一、款式统一、穿着统一的正式工作服装。制服体现着集体的形象，反映着集体的规范化程度。对待制服要严肃，切不可与休闲服装混穿，或者擅自修改样式或改变颜色，同时，要保持整洁。

二、见面：获得认同的起点

与人见面要注意什么礼仪，是农民朋友经常遇见的难题。中国古代同辈人相见时多行拱手礼，晚辈给长辈行跪叩礼；现在见面主要行称呼礼、握手礼、鞠躬礼或致意礼。特别是陌生人初次见面，更讲究礼节礼貌。人们往往通过行称呼礼、握手礼、鞠躬礼或致意礼等，来缩短相互间的感情距离，建立融洽的关系，同时给对方一个良好的印象。在现代礼仪社会里,熟人见面打招呼不再是随意问一句"你吃饭没有",商务见面也不再是随意握手,而是十分讲究礼仪细节。否则,对方对你没有好感,你想要办的事可能也因此不顺利。

称呼也是一门学问,职场上一个得体的称呼说不定会给你带来意想不到的惊喜。

故事再现

称呼得体获得工作机会

在农村长大的小张大学刚毕业去面试时没有什么工作经验,也没有什么过人的特长。面对众多的竞争者,她觉得自己没有什么优势,现场面试发挥得又不是很好,对被录用没有任何信心。当她准备走出考场,另寻新公司时,一位中年男子走进考场跟考官耳语了几句。那位中年男子离开时,小张听到人事主管小声地说了一句:"经理慢走。"那位中年男士离开时从小张身边经过,看了一眼要离开的小张。一向有礼貌的小张忙向那位男士鞠了个躬,说:"经理,您慢走。"小张看到那位男士眼中的诧异,然后男士笑着对她点了点头。两天后,小张收到了录取通知。后来,小张从人事主管那里得知,自己在众多面试者中并不优秀,但正是因为她的那句"经理,您慢走",得体、礼貌的称呼让人事经理觉得她还是比较能胜任行政工作的,因此,最后就录取了她。

故事分析

称呼是见面第一要务

每个人都有各种各样的称呼,适时、得体的称呼是与人相处的关键。例如,总经理在父母面前是"儿子",在公众面前可以是"先生",在公司可以是"总经理",不同场合用不同的称呼才显得得体。在现实中特别是在职场中,有很多人对称呼都很敏感。上面这个因称呼礼貌而面试成功的职场礼仪案例,再次告诉我们职场中称呼的重要性。因此,在职场中我们应根据实际的交际场合有礼貌地称呼对方。

第一章 个人交往礼仪

■ 实用妙招

恰当称呼的原则与禁忌

正确使用称呼要把握三个原则

(1)礼貌原则。常用的尊称有"您""贵""贤""尊"等。

(2)尊崇原则。对于职位比较高的同事或前辈,在称呼时,要体现自己对对方的尊敬。

(3)恰当原则。例如,对司机、厨师称"师傅"可以,但是对医生、教师称"师傅"就不恰当了。

恰当称呼的五个禁忌

(1)忌使用错误称呼。有两种情况,一种是误读,一种是误会。误读是指念错对方的姓氏,如姓"仇",念成"chóu"是很不礼貌的;误会,主要是指对被称呼者的年纪、辈分、婚姻与其他人的关系作出了错误判断。例如,将未婚女子称为"夫人",就属于误会。

(2)忌使用过时的称呼。如"老爷""大人"等。

(3)忌使用不通行的称。如"伙计""小鬼"等。

(4)忌使用庸俗的称呼。例如,"兄弟""哥们儿""死党"等一类的称呼,虽然听起来亲切,但显得档次不高。

(5)忌用绰号作为称呼。如对于关系一般的人,不要自作主张给对方起外号,如"拐子""秃子""肥肥",也不能用道听途说来的外号去称呼对方,更不能随便拿别人的姓名乱开玩笑。

■ 延伸阅读

称呼要分场合变化

边远山区的老李去长沙某大学找打扫卫生的活儿,听说到大学里面找事做要通过大学的后勤处。老李一路走一路问,来到一幢高楼前,定了定神,判断这个高楼应该是保安所指的后勤处。于是老李走进高楼,敲开一间办公室的门,大声问喊"师傅……"。这一声"师傅"把坐在办公桌前埋头处理文件的刘老师吓了一大跳。他抬起头来,看到一个农民兄弟站在门口,正等着他的回话呢。虽然这个"师傅"的称呼听起来很别扭,但友好的刘老师依然和气地说:"请问您找谁?有什么事吗?"一问一答后,刘老师才明白这个农民兄弟的意思,便告诉他:"您到对面那个行政办公楼二楼去找×老师,他会接待您的。"刘老师特地强调了要找"×老师",一般而言,在学校里边,碰到教师模样的人,称呼"老师"是最保守的,即使不是老师,听到被人称呼"老师",他心里也会很开心。相反,"师傅"这个称呼,在学校、机关等地就不能随随便便地使用,否则,会让人心生不悦。

小张为了贴补家用,去县城里搞摩托车出租。但是,小张的生意远比其他同行差,这是为什么呢?原因就在于称呼不当。初来乍到的小张,见到女士欲租车,张口就问:"嫂嫂,坐车吗?"人家一听"嫂嫂"这个称呼,顿时不悦,人家还没结婚呢!便瞪了他一眼,本来要租车的都不想租了,扭头便走,随即租了另外的摩托车。生意就这样被一声"嫂嫂"搅黄了。到底要怎么称呼才算是适当的呢?其实,这个很简单,如果你不知道对方的年龄大小、结婚与否,你就使用"零称呼"的方法,即"请问您要租车吗"或者"您好,请问租车吗"。这种场合使用"零称呼"的形式会比较保险。

三、握手:开启交往的钥匙

握手最早发生在人类"刀耕火种"的时代。那时,在狩猎和战争时,人们手上经常拿着石块或棍棒等武器。当遇见陌生人时,如果大家都无恶意,就要放下手中的东西,并且伸开手掌,让对方抚摸手掌心,表示手中没有藏武器。这种习惯逐渐演变成今天的"握手"礼节,并成为全世界通用的见面礼仪。无论是日常生活中,还是正式的会面场合,都已使用得很普遍。握手不可随意,需要了解和注意礼仪细节,否则,稍不留心就可能造成不良的印象或后果。

■ 故事再现

握手不当错过一段美好姻缘

小杨被新加坡某餐饮公司的人力资源经理选作厨工,去了新加坡。2008年夏,家人考虑远在新加坡的儿子年龄不小了,就托村里的媒婆给小杨介绍一个女朋友。女孩芳龄20岁,比小杨小4岁。她高中文化,知书达理、贤惠大方,听说

第一章 个人交往礼仪

小杨在新加坡赚了一笔大钱，也就不太在意他只有初中文化，同意见面。于是，家里人打了越洋电话，把这个消息告诉小杨。

数日后，西装笔挺的小杨回到了泰山脚下相亲。媒婆领着一位美若天仙的姑娘前来，当姑娘大方地伸出纤细小手的一刹那，脸上也泛起微微红晕。小杨的心跳加速了，一面看着姑娘泛起微微红晕的鹅蛋脸，一面伸出自己粗壮的右手，激动地握住姑娘的手说："你好，我是杨……"寒暄和问候了好几句话，姑娘下意识地想抽回自己的手，但这位厨师像握住锅把一般坚定有力，媒婆赶紧使眼色，小杨这才发现那细嫩的小手还握在手里，赶忙放开。双方的父母在远处一边假装干活，一边看在眼里喜在眉梢。小杨和父母对见面的那个姑娘都很满意，就决定送去厚重的见面礼。虽然女方的父母很高兴收下，但女儿坚决不同意，礼金被退了回来，原因是姑娘觉得小杨太粗鲁了，不愿意和他交往。

■ 故事分析

握手是修炼出来的修养

握手是一门很深的学问，什么时候伸手，是自己主动还是让对方主动，握多久等，都很有讲究，要根据对方的身份、性别及对方与自己的关系来决定，必须经过长久的修炼才能把握。故事中的姑娘原本很羡慕小杨，见面时脸上还泛起微微红晕的她，为什么偏就不同意交往了呢？问题就出在握手的细节上。女人的手被握得过重，会认为对方很粗鲁；被握过久，会认为对方是色狼，这都会让女方产生厌恶感。小杨原本善良、忠厚，但因为激动而忽视了握手的礼节，错过了一段姻缘。

■ 实用妙招

握手口诀和见面须知

握手口诀：大方伸手、虎口相对、目视对方、面带微笑、力度七分、男女平等。

张口莫问"还记得我吗"。见面时不可向仅有数面之缘的朋友提问："你还记得我吗？"对方若真的不记得了，无论是实话实说还是假装记得却叫不出名字，彼此都会觉得非常尴尬。得体的方式应该是进行自我介绍,如"我是某某,我们曾在某地见过面"。

慎说"代问夫人好"。如果你遇到一位好久没有联系的朋友,又不太了解对方的近况,在问候时应注意不要轻易说"代问夫人好""代问先生好"这样的话。如果对方已经离婚,或者配偶已过世,那么你的好心问候就会让对方很尴尬。包括问起对方是否还在哪里高就等问题。因此,见面时应该笼统问候,如"代问家人好"或"最近忙吗"等,再确定下面的话题。

少让小孩行"吻"礼。孩子行吻礼,无论是采用将孩子的小手贴在自己嘴上"啪"一下的"飞吻"方式,还是让孩子直接亲在大人的脸上,都不符合现代卫生习惯。因此,建议少让孩子行吻礼。

用好你的双手。见到长辈鞠躬时,应双手交叉轻放身前,对方年岁越长、身份越高,鞠躬也应越深。如果长辈伸出手来,则应该伸出双手,轻轻握住长辈的手后停留几秒钟,以示尊重。

延伸阅读

会面如何行礼

(1)握手礼。握手是一种沟通思想、交流感情、增进友谊的重要方式。与他人握手时,目光注视对方,微笑致意,不可心不在焉、左顾右盼,不可戴帽子和手套与人握手。在正常情况下,握手的时间不宜超过5秒,必须站立握手,以示对他人的尊重和礼貌。握手也讲究一定的顺序:一般讲究"尊者决定",即等待女士、长辈、已婚者、职位高者伸出手来之后,男士、晚辈、未婚者、职位低者方可伸出手去呼应。若一个人要与许多人握手,那么有礼貌的顺序是:先长辈后晚辈,先主人后客人,先上级后下级,先女士后男士。若是位卑者先伸手,位尊者不能不伸手,如果不伸手,就显得没有涵养了。

(2)鞠躬礼。鞠躬,意思是弯下身行礼,是表示对他人敬重的一种郑重礼节。此种礼节一般是下级对上级或同级之间、学生向老师、晚辈向长辈、服务人员向宾客表达由衷的敬意。鞠躬适用于庄严肃穆、喜庆欢乐的仪式场合。男性双手放在身体两侧,女性双手合起来放在身体前面,以腰部为轴,肩部向前倾15°以上(一般对初识者鞠躬15°,服务员向顾客鞠躬30°,同级同辈人相见鞠躬45°,对最尊敬的师长鞠躬90°),同时,问候"您好""早上好""欢迎光临"等。鞠躬时必须立正、脱帽,嘴里不能吃任何东西,更不能边鞠躬边说与行礼无关的话。行礼时,须立正,面带微笑。除了行15°的小鞠躬礼要注视受礼方外,行其他的鞠躬礼时,目光都应随着身体的倾斜平视下前方。

(3)致意礼。致意礼是已相识的友人之间在距离较远或不宜多谈的场合,用无声的动作语言,相互表示友好与尊重的一种问候礼节。一般来说,相互致意的顺序应是:晚辈先向长辈致意,学生先向老师致意,男士先向女士致意,未婚者先向已婚者致意,地位低者先向地位高者致意。致意礼的最佳距离为2～5米。在社交场合里,人们往往采用招手致意、欠身致意、点头致意、微笑致意、脱帽致意等形式来表达友善之意。当在公共场合远距离遇见朋友时,一般抬起右臂轻轻摆动,手掌心朝向对方;碰到不宜交谈的场合,朝向对方轻轻一点头;当在社交场合被他人介绍或别人向自己致意时,常常在目视对方的同时,身体微微向上向前倾,以表示对对方的尊敬之意;戴帽子的男士在遇到友人特别是女士时,应微微欠身,摘下帽子,并将其置于与肩膀平行的位置,同时,与对方交换目光;微笑致意可用于不相识的人初次会面,还可以用于在同一场合与反复见面的老朋友"打招呼"。

(4)脱帽礼。见面时男士应摘下帽子或举一举帽子,并向对方致意或问好;若与同一人在同一场合前后多次相遇,则不必反复脱帽。进入主人房间时,客人必须脱帽。在庄重、正规的场合应自觉脱帽。

(5)名片礼。初次相识时,往往要互呈名片。呈名片可在交流前或交流结束、临别之际进行,可视具体情况而定。递接名片时最好用双手,名片的正面应朝着对方;接过对方的名片后应致谢并认真小声地读一下,然后放到自己的口袋或包里,千万不能随意放在桌上。一般不要伸手向别人讨名片,必须讨名片时应以请求的口气,如:"您方便的话,请给我一张名片,以便日后联系。"

四、拜访:架设感情的桥梁

拜访是人际交往中一项重要的活动。通过拜访,人们互通信息、统一意见、联络感情、增进友谊。拜访对一位相别已久的老友来说,更像是久旱的甘露。我们不能等到有求于人的时候才想起拜访,人家会说你是"急时抱佛腿,屎急挖茅坑",做得再好也为时太晚。拜访活动一般是以着装礼仪和见面礼仪为基础,因人、因事做些细致的准备工作,并遵守拜访的礼节规范,才会取得初步的成效。

你要拜访的人可能是初次见面,也可能是老朋友,拜访的准备工作和细节应当有所区别。就农村来说,经常会发生的一些拜访,如子女考大学、考研究生时,通过熟人去拜访教授等私人性拜访。如何把握这种拜访的机会,达到既准确地表达求学的愿望,又适当地表达感谢的目的呢?必须牢记,留个好印象很重要。

故事再现

小老乡的特产难倒大教授

农民朋友老刘的女儿考上了华南农业大学的研究生。分数出来后,老刘既高兴又担心,高兴的是女儿分数达到了华南农业大学的录取线,担心的是女儿排名比较靠后,录取名额有限,担心录取不上。老刘费了很大的劲找到了一个在该大学教书的老乡教授,决定去拜访他。老刘想,现在城里人都喜欢吃乡里的土鸡、土鸭、土菜什么的,给教授带些这类土特产去,他一定会喜欢。老刘特地租了一辆小车,带了自家产的几袋大米,自家喂的几只活鸡、活鸭,一只现杀的全羊,还有白辣椒、豆角、干鱼等,整整一后备箱的土特产。晚上9点多钟,老刘一行费了九牛二虎之力把这些东西搬到了教授家里,把教授和其夫人吓了一大跳,客厅几乎被挤占了一半的空间。这么多东西,家里就老两口,怎么办呀?老刘此举虽然大方、豪气,但是却给主人家带来了很大的麻烦,两位老人家,能吃多少东西呢?尤其是那些活鸡活鸭,老教授怎么处理它们呢?家里没地方关,时间已是晚上9点多了,不能送菜市场宰杀;还有那只大全羊,要把它分拆为几块放进冰箱也是一个大难题。老教授夫妇俩被老刘的这些礼物弄得头都大了。

故事分析

送礼不是越多越好

俗话说"礼多人不怪"。但是,送礼也是一门很深的学问,不会送礼,于人生也是一大遗憾。在我们日常生活中,对别人的帮助和恩惠,有时是一句感谢表达不了的,于是,就想送点礼物表示自己的感谢,这是大多数中国人的想法,也是中国人交往最重要的方式。在日常生活中,农民朋友相互之间送礼是常有的事情,那么如何送礼呢？小故事告诉我们，送礼要根据对方的需要，讲究精致，不能过分，优质地方特产尽管很好，但也不是越多越好。

■ 实用妙招

拜访七要

了解拜访的分类和不同类型拜访的策略以后，读者不妨进一步了解和掌握拜访的黄金定律：

一是黄金时段。私人空间拜访最好在晚上7点30分至8点，千万不能在午餐或者晚餐时分拜访，这样会让主人感到很受打扰；办公室拜访原则上不在星期一和下班时间。

二是黄金座位。到达拜访地点后，将你带到会客室的人，会请你坐上座，而你必须推辞，应主动坐下座。

三是安静等待。如果接待者因故不能马上接待，应安静地等候，有抽烟习惯的人，要注意观察该场所是否有禁止吸烟的警示。如果等待时间过久，可向有关人员说明，并另定时间，不要表现出不耐烦。

四是沉默是金。与接待者的意见相左时，不要争论不休。对接待者提供的帮助要致以谢意，但不要过分。

五是开门见山。谈话时开门见山，不要海阔天空，浪费时间。

六是端坐如钟。坐下时，双腿交叉或并拢，千万不能跷起二郎腿。如果拜访的人地位较高，你的二郎腿姿势恐怕会让人感觉傲慢。

七是察言观色。要注意观察接待者的举止表情，适可而止。当接待者有不耐烦或有为难的表现时，应当转换话题或口气；当接待者有结束会见的表示时，应立即起身告辞。

■ 延伸阅读

如何拜访才适度

（1）事先有约。当我们去拜访他人时，一定要提前约定：约定时间，包括到达的时间以及离开的时间;约定地点,选择一个合适的地点;约定人数;约定主题。然后如约而至,按照之前约定的时间、地点、人数及主题而参加。如以上任何一点不能如约,应说明理由。

(2)上门有礼。预先告知:快到之前,打电话确认;敲门或按门铃。准时到达;不要提前或晚到。问候致意:问候拜访对象;问候在场的其他对象;问候对象家人;遵守主人的规则。

(3)为客有道。四个限定:限定交谈的内容;限定交谈的范围;限定交谈的空间(如仅限办公室或客厅);限定交谈的时间(适可而止)。如果没有说好交谈时间的话,一般停留的时间以多长为宜?一般来说,一个人谈话的兴奋时间大约为30分钟。因此,交谈时间以15～30分钟为宜。

(4)告别有节。适时告退,按照原来约好的时间告退,在交谈15～30分钟后告退,或当对方有急事时告退;告退致意,握手话别;说走就走(当断则断);如受到款待,应致电感谢。

五、电话:心灵感应的纽带

在现代人际交往中,有一种工具日益成为老百姓沟通的桥梁,这就是电话。我们都离不开电话(手机),学会礼貌打电话是必须掌握的学问。过年过节,你可以不必上门拜访,发个短信或打个电话问候一声,既快捷又方便。尽管不是面对面地交谈,但却能让人迅速获得信息,及时进行沟通。日常生活中,聊天谈事情、约会交朋友,人们在享用电话所带来的便捷的同时,却发现烦恼也会随之而来。电话在什么时间打出最得体?使用电话该注意些什么?使用电话又有哪些技巧?对这些都有必要去了解和掌握。

故事再现

上班第一次接电话被投诉

来自农村的小何有幸被一家合资公司招聘为秘书,能够进入这样一种从各方面来说条件都很不错的环境中去锻炼、发展自己,小何感到无比高兴。可是让小何不曾料到的是,上班第一天,就挨了经理的一顿批:"小何,你应该先去向小陈(经理原来的秘书,现在做管理去了)学一学怎么接打电话。"小何嘴上没说什么,心里非常生气,想:"你真是小瞧我了。我家十多年前就装了电话,平时我最爱打电话了,几乎天天打。难道打了十多年电话的我还不会打电话吗?"原来那天小何刚刚走进写字间,半个小时后,外面打进来一个电话,说是找经理。小何听了后,问:"请问您是哪一位?您怎么称呼?"等到对方自报了家门,小何又说:"很抱歉,经理外出了,我已记下了您的姓名。您有什么事情需要我转告吗?"打电话的人是经理的合作伙伴,也是好朋友,后来打电话跟经理说:"你的秘书是新来的吧,接电话不成熟。"并和经理说起了当时接电话的情形。

■ 故事分析

会接电话是能力

从表面看,小何接的这通电话确实没有什么明显的失礼之处。问题的关键在哪里呢?原来小何虽然说的"经理外出了"是实话,但说话的先后顺序不恰当。小何是先问人家"是哪一位",随后才告诉对方"经理外出了",这很有可能会让对方产生误解:经理存心不想接电话才让小何出来作"挡箭牌"。这样的话,后果可想而知。如果小何懂得一些接电话的技巧,把上面两句话的先后顺序调换一下,先以"经理外出有事了"相告,然后再问"请问您是哪一位"或"请问您有什么事情"就显得合情合理,不会伤害对方的自尊心了。

■ 实用妙招

电话礼仪答疑

(1)希望与对方确认信息,怎么办?

标准化做法就是重复要点。例如:王总,那我们这次就说好了,订你50吨的西瓜,下个星期我付款,按照你提供的账号,我把我货款的首期打给你,按照我们刚才的约定付10%。王总,如果我没有记错的话,你的账号会在下星期一早上传真给我,传真给我之后2小时确认无误我就会拨款了。

(2)遇到中断的电话怎么办?

如果时断时续,立即告诉对方,自己所在的地方信号不好,按对方要求的时间打过去；如果完全中断，马上设法联系对方，说明自己所在的地方无信号，并表示歉意。

(3)对方打错了电话怎么办？

如果陌生人打电话给你，电话拨错了，第一句话应说明电话拨错了，第二句话把你的电话号码重复一下，让对方验证。如果你在公司任职，电话打到公司，第三句话就问："您需要帮助吗？"

延伸阅读

电话礼仪攻略

(1)树立电话形象意识。接打电话时，保持形象有四点注意事项，即态度要礼貌友善、传递信息要简洁、控制语速语调、使用礼貌用语。特别是打电话，有这么几点礼仪规矩：

一是要选好通话的时间。如果不是特别熟悉或者有特殊情况，一般不要在早7点以前或晚10点以后打电话，也不要在用餐时间和午休时间打电话，否则，有失礼貌，也影响通话效果。农民朋友一般起床较早一些，有些人没有睡午觉的习惯，有时候早上起床或者中午午休时间，突然想起某件事来，要给城里亲戚打个电话，拿起手机就拨，殊不知城里亲戚此时还在睡梦中，或者正匆匆忙忙准备去上班，这时候打电话会打扰对方。

二是礼貌的开头语。应当有礼貌地称呼对方，亲切地问候"您好"，紧接着自报家门。

三是用声调传达感情。你打电话时的情绪，如平静、开心、烦躁等，都会通过你的声调传递给对方，让对方感觉到你是否有耐心、乐意或者愿意接听电话。因此，如果你心情不好，最好是先稳定一下情绪，待平静下来再接打电话比较合适。

四是遵守3分钟原则。一般打电话的时间不宜超过3分钟。

五是挂电话前说声"再见"。

(2)文明使用手机。文明使用手机就是始终保持"尊重人，爱护人，关心人，体谅人"的心态。如公众场合把手机状态调成振动或者静音，甚至关机，避免在大庭广众之下手机频频地响起，更不要在人多之处接听电话；手机拍照要征得对方同意，尊重别人的隐私权；给任何人发有意义的短信要留名。

第一章 个人交往礼仪

(3)手机携带的位置。从规范、好看、方便等角度来说,手机还是放在公文包里更好一点。最好不要将手机悬挂在腰上和脖子上。

(4)谁先挂断电话。社交礼仪的标准化做法是:长辈和地位高者先挂;下级跟上级通话,上级先挂;地位相等的人通话,是请人帮助的人等被请的人先挂。

六、乘车:给人美好的形象

随着经济和城市化的发展,越来越多的农民进入城市,乘公交,上班干活,一个个都在与时间赛跑。在这一过程中,有时出现了一些不好的现象,最常见的就是不遵守先下后上的乘车秩序。另外,一些先富起来的农家人有了私家车以后,包括亲戚有私家车的农民,开始关心乘私家车的座次、举止、上下车顺序等礼仪问题。现代礼仪社会,无论是乘公交,还是乘私家车,每个人都应当学会一些基本的乘车礼仪,做一个有风度、有礼貌的文明人。

故事再现

不文明坐车闹纠纷

某日,在801路公交车上,公交车报站器报出:"下一站是××站,要下车的乘客请提前做好下车准备。"一名男乘客正好要在××站下车,可当车内的报站器已报完站,即将到××站时,这名男乘客依旧坐在座位上低头看手机。等车到站后,他才从座位上起身,准备下车。当时车上人很多,当他走到下车门前的时候,司机已经关上车门准备驶离该站。此时,这名男乘客使劲地拍着车门喊:"开门,开门,我要下车。"大喊大叫中还爆出粗口,驾驶员听见后回了一句,他反而不下车了,对着驾驶员大骂,还说驾驶员驾车不文明,要举报他,甚至摆出动手的架势。最终,在多位乘客的抱怨中,他才骂骂咧咧下了车。待他下车后,很多乘客都指责他没素质。

■ 故事分析

文明乘车是生活常识

在现代社会,农民朋友出门经常要坐车。学会文明坐车,是起码的生活要求。不要为了赶时间而不顾秩序挤车,要遵守公共乘车规则。故事中的男乘客,在公交车报站器提前报出站名并提醒乘客提前做准备时,置之不理,延误下车还大骂驾驶员,并且赖着不下车耽误别人的时间,这是典型的不文明乘车行为。在人的生活和工作中,很多东西是由细节决定的,往往在细节上就可以看出一个人的修养和素质。现代新型农民必须养成良好的乘车习惯,做一名现代的文明公民。

■ 实用妙招

乘车礼仪攻略

(1)乘坐大客车。无论是乘公交车还是乡村班车,候车时要先看清站牌和行车方向,然后排队候车,不要"夹塞",也不要往车道上挤。上车要按次序,有老人、小孩、病人上下车时,要尽力扶助。下雨天乘车,在上车前应把雨伞折起来,雨衣脱下叠好,不要把别人的衣服弄湿。乘车时,不要吸烟,不吃带皮带核的东西,不要把头和手伸到车外,不在车内大声交谈,更不应嬉笑打闹。上公交车后不要争先恐后地抢座位,要往车厢中间走动。对病人、孕妇和抱小孩的同志要主动让座。站立公交车厢时要扶好站稳,以免刹车时挤撞、踩踏到他人,碰到他人要道歉。公交车到站前,提前向车门移动,下车时要按次序下,注意尊老爱幼。

(2)乘坐小轿车。小轿车的座位,如由司机驾驶时,以后排右侧为首位,左侧次之,中间座位再次之,前坐右侧为末席。如果由主人亲自驾驶,以驾驶座右侧为首位,后排右侧次之,左侧再次之,而后排中间座位为末席。主人夫妇驾车时,则主人夫妇坐前座,客人夫妇坐后座,男士要服务于自己的夫人,宜开车门让夫人先上车,然后自己再上车。主人亲自驾车,坐客只有一人,应当坐在主人旁边。若是多人同坐,坐在前座的客人中途下车后,在后面坐的客人应当换到前座,此项礼节最易疏忽。女士登车不要一只脚先踏入车内,也不要爬进车里。正确的

第一章 个人交往礼仪

方法是先站立在座位边上,把身体降低,让臀部坐到位子上,再将双腿一起收进车里,双膝一定保持合并的姿势。

除了上面讲的座次礼仪外,还要注意举止和上下车顺序。举止上做到四不要:不要争抢座位;不要动作不雅,或是东倒西歪;不要不讲卫生;不要在车上吸烟,或是连吃带喝,随手乱扔。上下轿车的先后顺序也有礼规,其基本要求是:倘若条件允许,须请尊长、女士、其他来宾先上车,后下车,你先下车为后下车的人开车门。

延伸阅读

不文明乘坐公交车面面观

如果人们都牢记在公交车上主动让座,那么,我们出门的时候,就不用担心自己身体不好,出不了门;不用担心自己老了,出不了门。可在现实生活中,不文明乘坐公交车的现象比比皆是。下面列举数种不文明乘坐公交车的现象,希望能够引以为戒。

候车时旁若无人地抽烟。现在在公交车上抽烟的人已经很难见到了,但是在候车的时候,旁若无人抽烟的人经常会碰到。吸烟者在旁边吞云吐雾,站在其身边等车的乘客很无奈,有的选择掩口捂鼻,有的则选择离得远一些。

下车时不提前准备。"下一站是××站,要下车的乘客请提前做好下车准备。"乘坐公交车时,总会听到报站器传出这样的提示音。但总有部分乘客,对这种提示音充耳不闻,一定要等车到站了,才慢吞吞地从椅子上站起来。提前走到后车门准备下车,其实并不麻烦,可总有人做不到,偏要等到车停稳了才往后车门走,让全车人等他一个人。如果是老年人腿脚不好还可以原谅,年轻人这么做就太不应该了。报站器提前报站,就是为了方便乘客提前做好下车准备。不少乘客表示,提前做好下车准备应该是每位乘客所遵守的规则。上下班高峰期一定要做好提前下车的准备,车上人多,如果不提前做准备,等车门开了才从座位上起来往下车门走,肯定来不及。

面对老弱病残孕者不让座。在公交车上,不少人会主动给行动不便者让座,但总有一些年轻人做不到。常坐公交车的人都会发现,每辆公交车上都为老弱病残孕者设有"爱心专座",但是不少年轻人坐在专座上,即使有老弱病残孕者上车,他们也无动于衷,不是装睡就是装着没看见,丝毫没有让座的意思。有位姓刘的女士对拍摄不文明乘车现象的记者说:"那天一上车,就看见在车上的'爱心专座'上坐着几个年轻的小伙子,他们正低头'聚精会神'地玩着手机,车到一站,上来了一位抱着婴儿的青年妇女,手上还提着一个包,她的眼光扫过全车,明显是在寻找空位,或者希望有人为她让座。可就在这时,像有人下了命令,那几个年轻人一下子都放下手机,进入'昏睡'的状态。我当时还挺纳闷,等几站后那位抱着孩子的青年妇女下车了,那些年轻的小伙子一下子'醒'来了,继续玩着他们的手机,这才弄明白是怎么回事。"刘女士表示,主动让座,不仅体现了个人修养,还衡量着整座城市的文明程度,不应该让公德心"沉睡"。

旁若无人秀亲密。在公交车上遇见动作过分亲密的情侣,是一件让人觉得比较尴尬的事情。"带着孩子的家长特别尴尬,有时候都不知道怎么和孩子解释。"市民李女士说起公交上偶遇亲密的情侣,"那天车上还有空座,可上车的两个年轻人直接坐在了一张椅子上,女生坐在男生腿上,还很亲昵地搂着男生的脖子。我和孩子就坐在后座,孩子看见了问我为什么有空座俩人还坐在一起,让我觉得特别尴尬。而且旁边还坐着老人,这样的行为真的不太礼貌。"

上车你推我挤不排队。上车应该排队,这是小孩子都明白的道理。可是在现实情况中就不一样了,这样的情形在上班高峰期最明显,很多人怕赶不上车迟到了。越挤上得越慢这个道理大家也都懂,但挤起来却是谁也不甘落后。很多时候,车还没停稳,候车的乘客就在前车门挤成了一团。车门一开,等车的乘客你推我挤,谁也不想落后。司机师傅一遍遍地高喊"请不要拥挤",但根本不起作用。大家挤着上车,为那些专门"挤车门"的小偷提供了方便。在很多乘客蜂拥而上,抢着上车的情况下,有踩伤人的危险。况且公交车进站时往往会滑行一段距离,有很多乘客就追着公交车跑,这样做太危险了,一旦这时后面有车过来,追车的人就可能会因为闪躲不及被撞上。

乘车时随意吃东西令人反感。"人家孩子不是故意的,我也没法说。"提起最近在乘车时,被一名乘客的早餐——豆浆和包子弄脏了衣服的经历,市民董先生有些郁闷,"前几日,我早上坐公交去上班,身边站了一个学生。当时,学生正在吃包子,手里还拿着一杯豆浆。车行驶中,司机突然踩了一脚刹车,由于惯性,站在旁边那个学生手一抖,豆浆都洒到了我的衣服上。"董先生表示,早上为了赶时间在车上吃早饭可以理解,但是在吃早饭的同时,也要顾及一下身边其他乘客的感受,如果影响到其他乘客可就不太礼貌了。"我很反感在车厢内吃早餐的乘客,公交车是公共场所,大家应顾及到周边乘客的感受,特别是在高峰期,车厢内人挤人,本来空间就特别狭小,突然散发出的早餐味道会让人很不舒服。"在公交站牌前等车的伍先生反映。而且在车上吃东西还有安全隐患,市民对于吃东西的乘客较为反感。

高声打电话不避嫌。王先生坐的公交车是一趟环线公交,开往汽车南站,经常碰到一些朋友拿着手机大声地打电话说事,完全不顾及周边乘客的感受。一次,一名中年女士正打电话,刚开始言语很平和,可后来不知什么原因,情绪开始激动:"你什么意思?你不是说不用我去吗?现在怎么回事!"安静的车厢内,她的声音显得格外刺耳,不少乘客都把目光投向她。不知道是发现了其他乘客的不满,还是到了目的地,公交车刚进站开门,她便急忙走下了车。"公交车上人多的时候大声说话的比较多,有时候面对面也未必能听得见对方说什么,有时候觉得吵也没办法,忍着呗。"乘客对于车厢内高分贝说话很无奈。很多时候,高分贝手机铃声突兀响起,接听者大呼小叫、旁若无人,简直"吵架"式打电话,弄得乘客晕头转向。有的乘客在通话过程中,甚至脏话连篇,十分不雅。

七、开车:常敲安全的警钟

文明,是一道流动的风景,是在没有红绿灯的斑马线前司机的一脚刹车,是在旅游景区大门外一字排开的车队……在城市中,每一位司机用自己彬彬有礼的举动,诠释着文明,即使在冬日,也能让你如沐春风。

■ 故事再现

汽车礼仪培养温柔司机

上午10时,庆云北街一条没有红绿灯的斑马线前,有几位市民准备过马路,一辆车牌号为"川A·545××"的小轿车在斑马线前停下来,让几位行人安全通过。该车司机叫韩肖,自从看到《成都晚报》上刊发的开车礼仪绘本——《成都志愿者带你文明驾车》,她从一位"暴躁"女司机,变身为名副其实的"温柔"女司机。今年29岁的小韩是一名普通女司机,自从拿到驾照以来,大部分是在市区行车,平时不太了解开车礼仪,被出示罚单是常事。小韩不好意思地说,才拿到驾照那会儿,自己开得小心翼翼,但是随着开车时间变长,车越开越"顺",她有时候还要开下"斗气车",随之而来的罚单,让她郁闷又后悔。《成都志愿者带你文明驾车》改变了小韩的生活。

故事分析

礼貌开车是素质

在日常生活中,有些驾驶员在行车中缺乏应有的礼貌,既影响交通安全和秩序,有可能酿成重大事故,又影响了城市品位。因此,司机朋友应该掌握一些行车礼仪,养成文明驾驶的好习惯。

实用妙招

必须遵守的十一大开车礼仪

(1)上车前的礼仪。检查车辆号牌是否清晰,查看车辆周围有无儿童、老人和障碍物,确认安全后上车发动。

(2)启动车辆的礼仪。系好安全带,开启转向灯,避开其他行人和车辆,缓缓起步。

(3)停车的礼仪。开启转向灯并逐步减速向停车地点停靠。停车遵守停车八字诀:入位、顺向、头齐、守时,避免妨碍他人正常通行。紧急停车要开启双闪灯,提示他人注意。

(4)转弯的礼仪。提前开启转向灯,确认安全后减缓车速,驶入导向车道,平稳转弯。

(5)变道的礼仪。提前开启转向灯提示后车,待后车减速避让后,平稳驶入目标车道。如后车连闪灯光拒绝,不要强行并线。

(6)通过路口的礼仪。进路口前适当减慢车速,绿灯亮时,观察并确认安全后平稳通过。黄灯及红灯亮时,依次在停止线后等待。

(7)避让行人的礼仪。遇斑马线主动减速,有行人通过时缓缓停车,让行人先行。遇路侧有行人通行,闪烁大灯提示安全。

(8)超车的礼仪。开启转向灯,进入超车道,闪烁大灯告知前车,确认安全后

第一章 个人交往礼仪

加速超过。在高速公路上超车后应及时返回原车道,不长期占用超车道行驶。

(9)会车的礼仪。两车对向行驶,及时提示前方车辆注意避让。遇到障碍需借对向车道行驶时,如来车频闪大灯拒绝,应让前方车辆先过,不要强行插入。

(10)保持车距的礼仪。行车时与前车保持足够的安全距离。遇后车紧跟时,间断亮起刹车灯,同时,开启双闪灯提示后车注意,或开启转向灯,驶入其他车道行驶。

(11)下雨天注意行人。经过行人或骑自行车的人身边时,一定要减速慢行,不要溅别人一身水。在停车时,开雨刮器或喷水刮前挡风玻璃时,先看看周围有没有人。

延伸阅读

十大不文明开车行为

(1)随意开大灯(不文明指数7)。

(2)抢道变道(不文明指数8)。

(3)抛洒滴漏(不文明指数7)。

(4)开车打手机(不文明指数10)。

(5)斑马线不礼让(不文明指数10)。

(6)违法停车(不文明指数8)。

(7)开车吐痰(不文明指数7)。

(8)酒后驾车(不文明指数10)。

(9)水溅行人(不文明指数8)。

(10)猛拐急停(不文明指数9)。

八、问路:外出必备的学问

一位农民曾经向朋友倒苦水,述说在城里问路时遭遇的欺骗和冷落。事实上有调查显示,八成多的城里人都愿意耐心地向路人指路,说明城市还是具备较高文明程度的。如果偶尔遭遇冷落,可以判断给你指路的那个人属于少数的不文明人;如果总是遭遇冷落,那就要从自身找原因了。也许你不够礼貌,也许你对他人的称呼不恰当。问路其实也是人与人之间关系的"试金石",它基于人与人之间的信任,反映出公民之间的安全感和信任感,只有彼此充分信任时,才会有更多的人乐于指路。

■ 故事再现

问路学问深奥

从前有个年轻人骑马赶路,到了黄昏还没有找到住处,心里很着急。忽然,他看见远处有一位老农,便高声喊:"老头子,这儿离旅店还有多远?"老人回答:"五里!"年轻人扬鞭策马跑了十多里路,仍不见人烟。他自言自语道:老头子骗人,五里!什么五里?他猛然醒悟过来,这"五里"不是"无礼"的谐音吗?问路不讲礼貌,怎么能得到正确答复呢?于是,他掉转马头往回赶,见那位老农还在那里,他急忙翻身下马,恭敬地叫了一声:"老大爷!"老农说:"你已经错过了路头,如不嫌弃,可到我家一住。"年轻人问路称呼老人不用敬语"老大爷",说话、待人粗鲁,其结果是"不施一礼,多跑十里"。

■ 故事分析

文明问路

问路是我们日常生活不可或缺的一件事情,走错了路,既耽误时间也白费精力,因此,想走对路需要问路。问路有技巧,只有礼貌问路才能受到别人的尊敬。故事中的年轻人不会问路,结果多走了十里路,而且无形中遭到了老人家的责骂。有时候,不礼貌问路尽管别人当面不说,但是背后就很难得到别人的尊敬。

■ 实用妙招

问路礼仪攻略

(1)选对问路人。问路前,可以稍微察言观色一下。面带微笑和朋友谈笑风生的人,或者步伐较缓、看着比较悠闲的人都是不错的询问对象。

第一章 个人交往礼仪

不妨选择有同伴结伴而行的人,或者找同性人询问,这样可以缓冲因陌生而带来的恐惧感。

(2)得体的称呼。在询问前,除了必要的礼貌,如以"您好"开头外,如何称呼对方也很重要。因为这不是职场,也不是社交场合,所以用生活化的称呼即可,可根据对方的年龄来选择。如对年龄大的称"爷爷""奶奶",对中年人称"叔叔""大姐",对小孩子称"小朋友"。而不能用"哎""喂"这种很不礼貌的语气词来称呼对方,让对方产生不快情绪。

(3)问路谈话技巧。在和对方交谈时,首先应该给对方一个微笑,让对方放松。其次,在说话时最好直视对方的眼睛,因为东看西看容易让人紧张,产生戒备感。既不要完全侧着,也避免正对着对方,最好的位置是能看到对方的七分面至九分面。此外,问路时最好能提前了解一下目的地附近的一些标志性建筑或者地形特点,这样或许能有效缩短问路时间。在问路时,最好也问下大概距离有多远,做到心中有数。得到回复后,除了说"谢谢",也不妨行个点头礼,从而让对方感受到你的真诚谢意。

延伸阅读

常见不礼貌问路现象

(1)没问到路不道谢。"你好,问一下哪里有洗脚的地方?"一位身着米黄色套裙的年轻姑娘前来问路,摊主袁女士表示不太清楚,没能给她满意的答案,姑娘一脸茫然,什么也没说,径直离开。记者现场统计,4个小时内有3个人没有得到准确的回答,而这3名问路者都选择不道谢。

"这算是态度好的了。"摊主袁女士说。一旦没有问到想要的答案,扭头离开的还算好,有的问路者还会反问她:"这都不知道,还在这里坐着干嘛?"她在这里开报摊10年,已经听到很多次这种责难,心里很窝火。

袁女士说,在自己的摊位生意好,忙不过来的时候,问路者还往往会挤进来,追着自己一遍又一遍地询问,如果她没有及时回应,有些问路者就会立即不高兴,甚至嘴里骂骂咧咧。

(2)道谢大多很马虎。一位身着灰色外套的中年男子走到报摊前,问药材大厦怎么走,袁女士指了指对面。明白大概方向后,男子转身走向对面,在已经走出两三米后,他头也不回地从嘴里蹦出一句"谢谢"。

一位穿棉衣棉裤的中年大姐走过来,询问朝天门怎么走。袁女士耐心地给她讲述了线路,并建议她从地下通道通过。大姐听到后一边朝地下通道走,一边随口丢下一句"谢谢"。

这样的答谢方式,占据了当天的绝大多数,有12个人在道谢的时候,并没有直视对方。"他们都说了谢谢,但却让人不太舒服。"闲谈中袁女士表示,有人虽然会道谢,但是人都已经走了很远,头也不回地说一句,这种态度很容易让人觉得道谢只是敷衍了事。

第二章
公共交往礼仪

公共交往礼仪是指参加公共活动的礼节、礼貌等行为规范。农村普通百姓经常需要参加一些公共活动，如村里的议事会、村支两委竞选会、座谈会、访谈会、集贸市场交易活动等。要想做个现代的新型农民，掌握公共交往的礼仪显得日益重要。在公共活动中，礼仪的重点是注意文明礼貌，得到大家的尊重和赞赏，使自身的人格魅力增强，提升公众的支持率，从而有助于顺利完成参加公共活动的目标。

一、进城：感受到你的教养

城市是物质文明的象征。高楼大厦，车水马龙，灯红酒绿，一些乡村年轻人对城市生活羡慕不已，时刻盼望着进城。城市也特别注重精神文明，而且文明习俗尤其是日常生活习惯与农村大有不同。我们在进城时，在乡里大家都认同的一些习惯可不能随意带进城里去。

故事再现

进城做客礼仪很重要

在某机关上班的老刘回到家里时，乡下来的妹夫到访。妹夫见老刘进屋，也不起身就大叫一声"大哥，你好"。声音震动了屋里所有人的耳膜。老刘应声微笑，坐下来聊上几句，掩饰着心里的不快。不一会儿，妹夫开始彻底放松了，他一边深深地把自己陷在沙发里，一面抬起左腿架在客厅的茶几上，露出了鞋底的小洞来。他拿出一包烟，抽出一支扔向老刘，自己点上一支。老刘立即说："对不住,妹夫,因为我不会抽烟,所以没有准备烟给你。"妹夫悠闲地吐着烟圈,发出两声咳嗽,随即听到痰液在客厅地砖上着陆的声音,紧接着是鞋底摩擦痰液的声音。老刘终于忍无可忍,借口要赶着写文章,逃离了客厅。

故事分析

文明从细节开始

其实,老刘并不是瞧不起自己的妹夫,而是不满妹夫把乡下的习惯、习气带到十多个平方米的客厅来。农家屋的地面一般是干涩的泥土地和水泥地,痰吐在地上有灰尘吸干。而城里的房子一般会铺上瓷砖或木地板,并且经常擦得很干净,一口痰吐上去,既不卫生,又不尊重主人的劳动成果。进城后,只有改变一些与城市生活不合的习惯,才好融入你所喜欢的城市。例如,在乡里可以随地吐痰,但在城里随地吐痰,就会受到谴责。把乡里大家都认同的一些习惯带进城里,可能的结果不是遭遇尴尬,就是被别人批评。我们进城务工时,在路上施工要和行人打交道,在小区施工要和居民打交道。因此,在进城的同时,我们应了解一些进城的基本礼仪,这样才能有利于亲近城市,有利于和城里人建立良好的交往关系。

实用妙招

在城里生活要注意哪些礼仪

农民进城除了找工作以外,最常去的地方之一就是商场。在商场购物应当遵守以下礼仪:

一是遵守公德。商场是典型的公共场所。不管人少人多,都要保持良好的行为习惯,表现出君子风度。高声喧哗或大声打手机,对旁人来说是很不礼貌的。

二是维护秩序。购物时,一方面要主动排队,保持良好的购物秩序,这样小偷也就没有可乘之机;另一方面是礼貌询问,微笑发言,请字当头,尊重售货员。

三是行为得体。商场逛累了,到休息厅休息也有讲究。首先要端坐在一个位子上,不要东倒西歪,不要占两个位子;其次是不能抽烟,不能打赤膊。

延伸阅读

进城礼仪攻略

(1)遵守规则。一是不要随地吐痰和随处扔垃圾,城里的环卫工人大多是我们的农民兄弟,工作很辛苦,尊重他们的劳动成果就是尊重我们自己;二是上洗手间时要节约用水、节约用纸、便后冲水;三是过马路看红绿灯,走人行道,不要跨越路中间的隔离栏杆。

(2)注重仪表。在城里的公共场所,要注意仪表,讲究礼貌。衣服的扣子要扣好,即便是热,也只能解开衬衣的上两粒扣子,万万不可脱下衣服,赤膊上街。

(3)正确走路。在街上行走,标准的走法是:抬头挺胸,步幅一脚半,双手前后自然摆动,眼神平视向前,不左顾右盼,否则,容易发生安全事故。如果在单位的办公区域,眼神可向下看15度;如果在商场的橱窗边观看,眼神向上看15度就可以了。

(4)轻言细语。到居民小区找朋友,特别注意不要大声说话。很多乡里的房子独门独户,到朋友家门口喊一嗓子,不会影响和干扰邻居。城市居民区人口密集,到了朋友家的楼下,绝对不可以大声呼喊,也不可以发出很响的蹬楼板声,否则,会干扰邻居,造成邻居对你朋友产生不好的印象。另外,大多数人都有午睡的习惯,最好不要在午饭后去找人。即便有要事在中午找,也须提前通知对方,并对打扰对方的午休表示歉意。

二、做客:得到别人的尊重

做客一般是指亲朋好友请你和家人到他家里,举办家宴款待你们。也可以是你主动提出,很久不见,节假日到亲朋好友家探望。做客拜访是日常生活中最常见的交际形式,也是联络感情、增进友谊的一种有效方法。如果说热情好客是一种传统美德,礼貌做客则是现代文明的重要标志。在别人家做客,你的一举一动都在主人的视线之内,只有文雅的举止、礼貌的语言、谦让的心态,才会给主人留下良好而又深刻的印象,做客才会达到预期的目的和效果。主人在家请客吃饭,一般会根据客人的级别和重要程度来安排酒水的档次,并尽全力烧出几道客人喜欢的好菜,一来展示厨艺,二来使客人高兴。客人应当把握"客随主便"的原则,不好反客为主,点酒点菜,以免你要的刚好是主人家没有的,或即便主人家有,也未必是为你准备的。因此,不使主人为难,是做客的第一要点;不使主人心疼,是做客的底线。

故事再现

茅台太贵只喝人头马 XO

一个阳光明媚的周末上午,廖老板家来了一位乡下老家的客人小廖,大约 30 岁,虎背熊腰,个头 1.70 米开外,爱好喝酒,但不抽烟,带来的礼物也不差,是 2 瓶四川产的五粮液。许久不见,廖老板很是高兴,吃饭前问:"小廖,你要喝啥子酒?""喝啥子酒都要得。""那你来我的酒库看一看。"廖老板家的酒库摆了各种各样的酒,有茅台、五粮液、竹叶青、杏花村,更有 2 瓶人头马 XO。小廖知道茅台、五粮液很贵,于是说:"不喝你的茅台和五粮液,茅台和五粮液你就自己留着吧。"顺手指了指人头马 XO 说:"就喝它算了。"廖老板顿时心里左右为难。

故事分析

到别人家做客,要牢记"客随主便"这句古话,不管你与主人有多熟,有些事情还是不好开口的,随便主人拿什么来招待你,你尽管享用就是,不必为主人做主。这则小故事告诉我们,虽然我们知道茅台、五粮液很贵,但是某种不知名的洋酒可能更贵。不知道洋酒很昂贵不是什么大事,却会让主人痛心,主人当面不说,但是心里却不舒服,至少,主人下次再也不会让你"随便"了。出门做客把握不当,反客为主往往留下做客的遗憾。

实用妙招

做客礼仪攻略

(1)提前预约。想到亲朋好友家探望,应当提前预约,不可突然造访,以免打扰主人。若主人未提出要请吃饭,应避免在就餐时间到访。切记未经主人同意,无论何时都不要成群结队去亲朋好友家做客。这样的做法是对亲朋好友的极不尊重。

(2)着装得体,举止有礼。客人可以依据主人的习惯和爱好选择着装,以免影响主人的情绪。进入室内之前,应先在门垫上擦干净鞋底。若发现主人家中铺了地毯、瓷砖或者木地板,应在主人同意后,换上对方所指定的拖鞋。进门之后,未经主人同意,不要擅自进入其卧室、书房、厨房等地。在主人家停留期间,一定要讲究个人卫生,不要随意抽烟、乱扔果皮纸屑,不要随地吐痰。

(3)备好礼物,准时到访。做客一般不提倡两手空空,可准备一些主人喜爱的小礼物,以表心意。一旦约定好时间,客人须准时到访,或稍稍提前,切勿迟到,更不可随意取消或更改到访时间。进门的第一件事就是主动与屋里的其他人打招呼。

(4)三餐时间、午休时间、凌晨与深夜、节假日都不宜上门做客。若主人真诚表示这些时间段都没关系,也应尽量避开这些时间段,考虑在下午或者晚餐后登门拜访。若无要事,停留的时间不宜过长,最多待半个小时即可。

(5)进餐四不。不贪食,即好吃的不多吃;不牛饮,即饮料好酒不豪饮;不虎咽,即细嚼慢咽;不鲸吞,即不一口吃得过多。节假日到亲朋好友家去做客,对方会展示自己最好的厨艺,我们也经常会吃得忘乎所以,把"四不"抛在脑后。

(6)不要探身去拿对面的饭菜。做客的时候,往往人会很多,桌子也会比较大,吃饭时难免会有菜在面前而够不着,这时千万不要探起身子来夹菜。最好的办法是请靠近你的人帮你传递过来,接到东西后,不要忘了说声"谢谢"。

延伸阅读

进城里做客有哪些不恰当的做法

成群结队做客没商量

张阿姨家住农村,张阿姨的弟弟在湘潭市工作,在城市成家立业、娶妻生子。不知不觉,张阿姨的弟弟50岁了。张阿姨为了表示对弟弟50岁生日的重视,把家里大大小小的亲戚全部通知一遍,大家相约一同前往湘潭为"寿星"贺生。到了生日的前一天晚上,一行十几个亲戚热热闹闹地扛着大包小包连夜坐了七八个小时的火车去湘潭市贺生。大家喜气洋洋,热情似火,不料到了弟弟家中,弟媳妇一见这么庞大的祝贺队伍,顿时傻了眼,脸色大变!姐姐说要来,来就来了,为什么还叫了那么多亲戚来?原本是打算在家里做一桌子好菜庆贺一下,没想到从天而降这么多亲戚,带的礼物把客厅和厨房塞得穿行都很困难,更不要说在家里摆酒席了。张阿姨本是一片好意,殊不知好心做了不恰当的事情。为什么弟媳妇心生不悦,窝在厨房里炒菜半天不出来呢?首先是心理上没有准备。原本打算在家里做一顿饭菜庆贺一下,没想到一下子来了大队人马,心理上一下子没法接受。其次是物品上没有准备,本来只有主人进屋穿的拖鞋和几双客人拖鞋,但家里一下子来了十几号人,拖鞋不够用,也没有鞋套,只好让大家直接穿鞋子进屋。再次是人满为患,到处乱糟糟,桌上、地板上一片狼藉。农民朋友在这个时候表达祝福,可要注意了。如果要去城里的亲戚家送祝福,先要和城里亲戚电话商量,询问去多少人比较合适,切忌擅自做主,呼朋引伴。

刘奶奶家住城里,有很多农村亲戚。这些亲戚每年春节都必到刘奶奶家拜年,而且必须吃了刘奶奶做的饭菜才回家。春节期间,来了一拨又一拨给刘奶奶拜年的亲戚。刘奶奶每年春节都累得直不起腰来,每次送别这些亲戚的时候,都发自内心地说:"谢谢你们记得我,都来给我拜年,以后拜年只给我打个电话就可以了,不一定要到家里来的,到时我到乡里去看你们。"每年刘奶奶如是说,可每年到了春节,大家伙又是成群结队地给刘奶奶拜年。刘奶奶年事已高,身体一年不如一年,这份春节接待亲戚的工作真的吃不消了。刘奶奶和刘爷爷对乡下亲戚的那份感情看得非常重,想把接待工作移交给女儿和媳妇。这个想法让女儿和媳妇非常反感,她们觉得平时工作很累,好不容易才放松几天。后辈的说法,让刘奶奶也无法去辩驳。子女们确实平时工作也很辛苦,而且在城里居住的亲友们这些年来也逐渐移风易俗,走亲访友还是没变,但是提个礼物,喝杯茶,聊聊天,交流交流感情就可以了,这样彼此都轻松快乐。

抽烟、吐痰太任性

谢大爷好抽烟,喜欢随地吐痰,而且出口就是脏话,他每次进城做客都会很不高兴,总认为表弟家的女儿没礼貌,对他不好。为什么呢?原来谢大爷到了表弟家,仍不改在农村家里的行为习惯,香烟一支接一支地抽,香烟灰弹得桌上、地板上到处都是,脏话连篇。表弟的十几岁的闺女见此情景,就给谢大爷拿来烟灰缸,想要他把烟灰弹到烟灰缸里。谢大爷一见烟灰缸,气就不打一处来,我抽根烟怎么了?嫌弃我不是?便故意装作没看见外甥女拿来的烟灰缸,照样任性弹他的烟灰。外甥女见状,以为谢大爷不知道,又把烟灰缸往谢大爷身边推了推,告诉他要把烟灰弹到烟灰缸里。谢老爷不但没收敛,反而将一口痰吐到地板上,用鞋在痰上来回擦了擦。花生、瓜子壳也是乱扔,桌上、地上到处都是。谢大爷的行为让表侄女尤其恼火,而谢大爷同样也不愉快。

娄底市刘姐家来了几位乡里客人。刘姐家卧室少,住不下,便提出给客人到外面订宾馆。客人连连说,不要订,不要订,我们晚上在家里随便打个地铺或者到沙发上躺一下就可以了。刘姐没有办法,也不好再坚持,不然人家以为她不欢迎他们。当天晚上,这几个客人一边抽烟,一边打牌,精神抖擞,玩得不亦乐乎,在牌桌上奋战了整整一夜。刘姐家的两个孩子起床后偷偷对妈妈说:"妈妈,我的衣服、被子全部是烟味。""妈妈,我的头发上都是烟味。"而刘姐,则被他们的打牌声、说话声、烟味折磨得一个晚上睡不着觉,苦不堪言。

在进城做客时,一定要记住不说粗话,注重个人卫生。能设身处地地为城里亲戚考虑,这样才能增进彼此感情,长久来往。

三、求职:恰当地展示特长

了解、掌握求职礼仪有助于完善和维护职场人的职业形象,会使你在工作中左右逢源,使你的事业蒸蒸日上,成为一名成功的职业人士。成功的职业生涯并不意味着你要才华横溢,更重要的是在工作中你要有一定的职场技巧,用一种恰当合理的方式与人沟通和交流,这样才能在职场中赢得别人的尊重,才能在职场中获胜。

故事再现

良好礼仪获得工作

某杂志社有5个编辑岗位招聘,报名者多达300人。其中,不乏硕士研究生和博士生。唯一的专科生小杨看见一位面试者额头上冒出了大滴的汗珠,趴在桌子上痛苦不堪。她走过去问了"竞争对手"的原因,原来他因为没吃早餐老胃病犯了。小杨安慰一下他后,就进去面试了。不久,那位胃病患者得到了小杨捎给他的早餐,并最终从众多应聘者中脱颖而出,成了那家杂志的编辑。上班第一天,他看到新招来的5个人中竟然有小杨。当他问起小杨应聘成功的原因时,小杨说:"比学历,比能力,我都不如你们。那天给你送牛奶和面包时面试团的一位老师刚好出来有急事,他手里拿着一大堆资料,看样子非常着急,说能不能帮他去复印一份回来。我就跑过去复印。回来时问我为什么手里提着这些食物,我把情况如实地告诉他。就这样,我阴差阳错地应聘成功了。"原来,小杨的行为感动了面试团的老师,加上她的成绩还不错,故而被破格录用了。

故事分析

对于素有"礼仪之邦"之称的中国来说,处处都有礼仪。面试尽管是一场残酷的竞争,但我们必须表现出大度和有礼有节。故事中的小杨面对自己的专科文凭不自卑,也不怕给竞争者一个友善的帮助,在给别人"救命草"、帮那位"陌生人"复印资料的同时,也表现了没有任何学历优势却有礼仪优势的自己。

实用妙招

求职面试坐凳子的礼仪

求职面试需要坐下来的时候,一定要注意自己的坐姿。虽然招工面试对坐凳子的姿势没有严格要求,但坐姿不好,会给主考官留下不好的印象。正如花有花语一样,坐也有坐相:仰坐表明轻视、无关紧要;少坐意味着紧张、如坐针毡;端坐意味着重视、聚精会神。求职面试时,一般以坐满椅子的三分之二为宜;既可

第二章　公共交往礼仪

以让你腾出精力轻松应对考官的提问,也不至于让你因过于放松而忘了自己的目的。不要轻易紧贴着椅背坐,也不要坐满,坐下后身体要略向前倾。一来表明你坐得很稳,自信满满,不会因为稍向前倾斜就失去重心;二来证明你没有过于放松地全身靠到椅背上,没把办公室当成茶楼酒馆。也不宜坐得太少,只坐椅子的五分之一,意味着你几乎要靠自己的双腿支撑住自己的体重,这是一种极度紧张的表现,会分散面试官的注意力。

延伸阅读

求职礼仪攻略

(1)推荐与自荐。如今,进城找工作不容易。有些工种,如会计、出纳、收银员、厨师、保安等,没有人推荐就很难被录用。推荐人往往就是你的担保人。担保人是要负连带责任的,一般只有熟人和亲友会替你担保。因此,看上某个职位后,先要运用拜访的礼仪,请一位熟人或亲友为你推荐。在面试过程中,主考官会请你说一说自己的基本情况,你须以良好的站姿,站着介绍自己的姓名、籍贯、学习和工作经历、经验和长处等。等自我介绍完毕,你可向考官鞠躬,并等待考官的提问。

(2)面试。如能熟练掌握以下八个面试礼仪的要点,你的面试成功概率可能会大增。

第一,遵时守信。求职者须按时到达指定的面试地点。如果求职者有客观原因不能如约按时到场,应事先打个电话通知主考官,以免对方久等。

第二,放松心情。紧张的时候,往往会心跳加快、面红耳赤和思维紊乱,从而会词不达意,痛失良机。此时,应控制自己的呼吸节奏,努力调节,尽量达到最佳状态后再面对招聘考官。

第三,以礼相待。也许接待员就是公司经理的秘书、办公室的主任或人事部门的主管人。如果你目中无人,没有礼貌,在决定是否录用时,他们可能也有发言权,因此,你要给所有的人留下良好的印象,而并非只是对面试的主考官。面试时,自觉将手机关掉或设为震动。

第四,入室先敲门。进主考官的办公室之前,可用中指不轻不重地叩门3下,稍等2秒钟,再敲第二次。当听到房里传出声音"请进",才可以轻轻推开门。

第五,微笑示人。一般而言,陌生人在相互认识时,彼此会首先留意对方的面部,然后才是身体的其他部分。求职者在踏入面试室的时候,应当面露微笑,如果有多位考官,应面带微笑地环视一下,以眼神向所有人致意。

第六,莫先伸手。求职者进入面试室后,若行握手之礼,应是主考官先伸手,然后求职者单手响应,一般是右手热情相握。若求职者拒绝或忽视了主考官的握手,则是失礼。若不是主考官主动先伸手,求职者切勿贸然伸手与主考官握手。

第七,请才入座。看到座位就坐的人,是不太礼貌的,要等主考官请你就座时再入座。主考官允许入座,求职者应当表示感谢,并坐在主考官指定的椅子上。如果椅子不舒适或正好面对阳光,求职者不得不眯着眼,最好提出来。

第八,递物大方。求职者在求职时必须带上个人简历、证件、介绍信或推荐信,面试时一定要保证不用翻找就能迅速取出所有资料。当送上这些资料时,应双手奉上,表现得大方和谦逊。

(3)试工。企业试工一般考察三点:一是看求职态度和品行;二是看熟练程度;三是看体能和体质。因此,第一天工作莫要偷懒,做工要先求好再求快,节约水电;也不要超过自己的体能范围过于卖力,否则,正式上班时工作减速了,老板会误以为你偷懒。

四、住宿:享受旅行的快乐

农民朋友出几天远门办个急事,都希望找一个安静、舒适、便宜的旅馆安身。无论是在舒适便宜的旅馆,还是在高档豪华的饭店,都少不了一些约定俗成的礼仪规范。饭店人员应当礼貌待客,客人理当文明住宿。良好的住宿礼仪是文明素质的展现,也是办事顺利的良好开局。

故事再现

住店要文明

一天晚上,李四住进了南昌某旅店。他登记进入房间后,把电视机声音开到最大,把隔壁的客人都惊醒了。他把房间的灯调到最亮后,就进卫生间洗了2小时澡。出浴后,他抽了一支烟,抽完就把烟头扔在地毯上,倒在床上还继续抽

第二章　公共交往礼仪

不一会儿,房间冒起青烟,烟雾飘到走廊,被监控室值班员及时发现并制止。次日早上,李四用床单擦好鞋,就来到前台退房。前台收银人员有礼貌地请客人稍等并电话通知管家查房。5分钟后,管家告诉前台,地毯上烧了3个洞,床单黑油油的,烧掉一个角。前台收银人员要求李四赔偿地毯修理费3000元,床单费150元。李四不愿意,被保安带到经理办公室,他与经理大吵了一架,旅店不得不报警。在警察的调解下,李四赔偿了3150元,还被教育了一番。

故事分析

习惯不好遇磨难

住店是农民朋友经常遇到的事情。怎样住店呢?有的农民朋友认为我花了钱,就要享受,就可以乱来。然而,所有的酒店在客人走时都要查房,对于客人损坏东西,都会要求客人赔偿。李四住店后,不注意公共秩序,也不管别的旅客要休息,不讲卫生,还随意损害东西,最终不得不花大钱了事。

实用妙招

住店要注意什么

农民朋友进城住宿,不仅要遵守一般的住宿礼仪,而且要防范被人引诱而参与黄赌毒等活动,那会陷入违背道德和犯法的尴尬境地。

首先是不进"两吧三厅"。引诱人参与黄赌毒的人,一般都隐蔽在酒吧、网吧及歌厅、舞厅、迪厅里,你不到这些地方去消费,自然就会落个清静。

其次是拔掉房间里的电话线。引诱人参与黄赌毒的人可能会获得客人入住房间的号码。拔掉房间里的电话线,就能免除他们的电话骚扰,也就不会被诱惑走向邪路。

再次是拒绝开门。万一有人敲门,可从猫眼观察动静,如果是陌生的年轻异性,不要开门,打电话给饭店保安部,请保安出面赶走他/她。

最后是不贪便宜。路上有人可能会故意丢个包或玩几张扑克等,其实他们是在设陷阱和圈套,寻找那些喜欢占便宜的人,设法骗他们的钱。保持一颗不贪便宜的心，就不会上骗子的套。

延伸阅读

住宿礼仪攻略

（1）预约的礼仪。外出旅行一般要提前预订酒店房间，这是一种礼仪。预订房间和到店时间既方便自己，又利于酒店的管理。尤其是在旅游旺季出门，这一项工作就更是必不可少，否则，你很可能就要体会身在异乡却又没有地方消除旅途疲劳的无助感受了。预订酒店的方式有电话、上网、信函和电传，但最常用的还是电话预订。你可以先在网上查到你想住的酒店和电话号码，拨打他们的电话，告诉他们你的要求及入住和停留的时间、入住的人数、房间的类型、申请住房人的姓名和到达酒店的大概时间，并问清房费，万一比预订时间晚了，尽快打电话联系酒店，否则，预订就会被取消。此外，随着服务业的发展，酒店会越来越注重个性化服务，尽量满足客人的需求，因此，如果你有对房间的特殊要求，也可以在预约时提出，使你在酒店的休息时可以更加舒适和方便。

（2）登记的礼仪。到达目的地之后，有备而来的你就可以直奔预约好的酒店。进入大堂后，首先应该到前台登记，如果你带了大量的行李，门童一般会帮助你搬运，你可以礼貌地谢过之后就去登记入住。如果前面有正在登记的顾客，那么应该静静地按顺序等候。注意与其他客人保持一定的距离，不要贴得太近。入住饭店要出示身份证或其他证件，如结婚证或护照等。在登记并拿到钥匙之后，你就可以乘电梯去房间了。乘电梯时，能够主动为后来的客人按住"打开"的按钮。大厅和走廊是酒店生活中的主要公共场合，因此，一定要记住，不要表现得像在自己家中一样随意，甚至穿着睡衣或浴衣转来转去。此外，还应该注意一定不要大声说话和吵闹，也不要乱跑乱跳。遇到雨雪天气，要收好雨伞，把脚上的泥擦干净，再进入饭店。

（3）客房的礼仪。虽然打扫客房是服务员的工作，但是也不能因为有人代劳就不注重保持清洁卫生。废弃物要扔到垃圾筐里，东西尽量摆放得整齐有序。在洗手间，不要把水弄得整个洗漱台到处都是。如果需要连续住上几天，可以留一张纸条给客房服务员，告诉他们，床单和牙刷不必每天都换，牙膏和洗发水也可以等用完了再换新的。这种关注生态环境、具有生态文明意识的客人一定会受到饭店的尊重和欢迎。千万不要把现金或贵重的物品放在房间里,要把它放在前台的保险柜或房间里的保险箱里。房间里的保险箱要设定密码,否则,是不保险的。有人敲门时,除非来人说明身份,否则,不要开门。电视的音量要适中,也不可太早或太晚打开电视,不要影响别人的休息。淋浴的时候,浴帘的下部要放到浴缸里面,不要把地弄湿了。他乡遇故知一定会谈得兴奋,但客房毕竟还不是完全属于自己的地方,与朋友欢喜相聚应该注意节制,会客时间太长是不适宜的,一般不要超过23点。还有,应该注意与人交谈的音量,不要影响周围客人的休息。

(4)离店的礼仪。结账离店是你和饭店的最后一次接触,怎么样才能给人留下一个完美的最终印象呢?在准备走之前,你可以先给前台打个电话通知一声,如果行李很多,可以请他们安排一个人来帮你提行李。别想当然地认为可以从饭店拿走毛巾、睡衣或其他物品。饭店对物品的管理非常严格,拿走不该拿走的物品会令你陷入尴尬的局面,到最后还要为此付款。如果你想要些纪念品的话,可以到饭店的商店里看看。如果不小心弄坏了饭店的物品,不要隐瞒抵赖,要勇于承担责任并予以赔付。

(5)投宿民宅的礼仪。俗语说"客随主便",对主人的尊重会为你赢得他们对你的尊重和更好的服务。注意公共卫生,不过于违反正常的作息时间,都会给主人带来很大的方便和感动。如果有时间和主人聊聊天,或者参与他们的劳动,相信你可以体会到人与人交往的乐趣,更能增加对当地民风民俗的了解,还会成为你旅游生活中一笔不小的收获。

五、就餐:赴宴做客的嘉宾

在讲究民以食为天的国度里,饮食礼仪自然成为各地文化和文明的一个重要部分。现代就餐礼仪分为主人(东道主)遵守的礼仪和客人遵守的礼仪。本节重点讲述座次安排、上菜、敬酒等礼仪。东道主能让客人高高兴兴地离去,接待就算圆满成功了。

故事再现

吃一顿饭，得罪一帮朋友

小王出来打工大半年了，一直跟着小刘的几个朋友打拼，也赚了点小钱。小刘的一个朋友是某单位的小领导，某日，为感谢小刘在为他装修房子时的关照，决定请他的一帮兄弟喝酒。小刘高兴地把小王等一帮朋友带上，小刘的朋友也请了几个小领导来。小王十分高兴，在喝了几杯酒后，开始忘乎所以，不断地减轻自己身上的"负担"。他先是松开自己的领带，接下来又解开领扣、松开腰带、卷起袖管，到了最后，竟然又悄悄地脱去自己的鞋子。尤其令人感到不快的是，小王在吃东西时，总爱有意无意地咂摸其滋味，吃得訇然作响，并且其响声"一波未平，一波又起"，"一浪高过一浪"。小王在宴会上的此番行为，不仅令主人和他的朋友瞠目结舌，而且也让他的同事无地自容。酒席散后，小刘和同事纷纷指责他丢了自己的人，也丢了大家的人。从此，小刘再也没有请他外出吃饭了，见了他也爱答不理。

故事分析

做客要像个客人

到朋友家做客，要客气，千万不能因为主人一再让你随便就随便起来。吃东西时也要有吃相，不要狼吞虎咽。上述故事中，小王吃相很狼狈，不仅主人看不起，朋友也觉得丢了自己的面子不喜欢他，这就是做客不讲礼仪闯的祸。

实用妙招

怎样用餐巾？

（1）餐巾的主要用途是防止弄脏衣服，兼用于擦嘴及手上的油渍。只能用餐巾的一角来擦拭嘴唇，不能用整个餐巾来擦拭脸和擤鼻涕。切忌用餐巾擦拭餐具。

（2）必须等到大家坐定后，才可使用餐巾。将餐巾摊开后，放在双膝上端的大腿上，切勿系入腰带或挂在西装领口。用完餐后，将餐巾叠好，不可揉成一团。通常而言，餐巾不应随便带走，赠送的擦手巾除外。

怎样用牙签？

尽量不要当众剔牙。在剔牙时，要用一只手掩住口。剔出来的东西，不要观看，也不要再放回口中，更不能随处乱弹或者随口乱吐。剔牙后，不要长时间叼着牙签。除非特殊食物，一般不要用牙签来扎取食物。

■ 延伸阅读

就餐礼仪攻略

（1）中餐座次礼仪。乡里摆宴席一般用方桌，座次首席按照"尚左尊东""面朝大门为尊"的原则确定。饭店餐厅摆宴席一般用圆桌，正对大门的是首席。首席的左手边依次为2、4、6、8位，右手边依次为3、5、7、9位，直至汇合。家庭宴请，首席为地位最尊的客人，主人则居末席；饭店餐厅聚餐，首席为买单的人，其他人按地位和职务的高低，排坐在首席的两边。首席未落座，其他人都不能落座；首席未动手，其他人都不能动手。如果是在饭店宴请另一个单位的客人，东道主坐在首席，最重要的2个客人分别坐在首席的左位和右位。如果为大宴，桌与桌之间的排列讲究首席居前居中，左边依次为2、4、6席，右边依次为3、5、7席。

（2）中餐上菜礼仪。上菜顺序一般讲究先凉后热，先炒后烧，咸鲜清淡的先上，甜的、味浓味厚的后上，最后是主食，如糕、饼、团、粉，各种面食如包子、饺子等。有规格的宴席，热菜中的主菜，如燕窝席里的燕窝、海参宴里的海参应该先上，即所谓"最贵的热菜先上"，再辅以溜、炒、烧、扒等菜品。

（3）中餐敬酒礼仪。宴席不可无酒，纯粹的中餐，应该避免啤酒和欧洲葡萄酒，最好配备高度名酒，酒的品牌以客人的喜好为宜。服务员巡酒时，自首席按顺序一路斟酒。第一轮，首席提议，大家共饮一杯；第二轮，首席按座次分别敬客人一杯酒；第三轮，东道主的陪同人员敬客人一杯酒；第四轮，客人回敬东道主。吃饭前，首席提议同饮最后一杯团圆酒。

(4)如何到美国人家吃西餐。美国家庭实行分餐制,应等桌上全体人员面前都上了菜,女主人示意后才开始用餐。在女主人拿起她的勺子或叉子以前,客人不得食用任何一道菜。餐巾应铺在膝上,进餐时身体要坐正。使用刀叉时,应右手用刀,左手用叉。取黄油应用黄油刀,而不要用个人的刀子。吃色拉时只能用叉子。吃鱼时可以用左手拿着面包,右手拿着刀子,把刺拨开。已经入口的肉骨或鱼刺,不要直接吐入盘中,而要用餐巾遮掩,用叉子接住后轻轻放入盘中,不能扔在桌上或地下。进餐时不要将碗碟端起来。喝汤可以将盘子倾斜,然后用汤匙取食。喝茶或喝咖啡不要把汤匙放在杯子里。吃饭,特别是喝汤,不要发出响声。不要在餐桌前擤鼻涕或打嗝。如果打喷嚏或咳嗽,应向周围的人道声"对不起"。在饭桌上不要剔牙。如果女主人不问你,你就不能主动要求添菜,否则会很不礼貌。用餐结束,客人应等女主人从座位上站起后,再一起随着离席。在进餐中或宴会结束前离席都不礼貌。

六、春节:入乡随俗的讲究

现在,城里的年轻人流行过外国人的节日,如圣诞节、情人节、复活节、万圣节、母亲节、父亲节等。我们可以体验一下外国人的节日气氛,但作为中国人,过好中国传统的四大节日——清明节、端午节、中秋节和春节,比什么都重要。四大节日都有一些经典的礼仪规范和传统习俗。比如,端午节少不了粽子,中秋节少不了月饼,清明节少不了祭祖扫墓,春节少不了灯会等。这些礼仪规范和传统习俗是我们的祖先留下的宝贵文化遗产。

故事再现

讨债讨出悲剧

老王是村里有名的赖账鬼,借了同村的老刘2000元已经3年了,一直赖着不还,电话也不接。老王一般要到年底才回村,每年正月十五以前就出去打工了,因为村里有习俗,年底腊月二十八以后就不能讨债了,正月十五以前也不能讨债。老刘实在没办法,去年年底等老王回来后,已经是腊月二十九了,马上就要过年了。年三十晚上,老刘到老王家要钱,老王认为老刘不讲理,落了他的面子,于是两个人吵起来,老王拿起家伙打老刘,老刘拿起老王家的凳子砸过去,把

第二章 公共交往礼仪

老王砸了个鲜血淋漓,大年夜住进了医院,闹得两家都没有过好年。

■ 故事分析

礼仪对双方都是约束

过年要讲究礼仪和礼节,特别是在乡下,更加看重过年的很多忌讳,这些忌讳慢慢就成为了过年的礼仪,如过年要说好话、过年不能借钱等。上述故事中,老王借钱不还,利用过年的礼仪逃避责任,使老刘忍无可忍,结果年三十晚上去他家讨债。老王不但不讲理,而且先动了手,老刘在气急败坏之下把他给砸伤了,结果一个欢喜年就这样结束了。礼仪是双方的,不能只要哪一方遵守。

■ 实用妙招

如何拜年

春节里的一项重要活动,是到亲朋好友家和邻居家里祝贺新春,称"拜年"。汉族拜年之风,汉代已有,唐宋之后十分盛行。有些不便亲身前往的,可用名帖投贺,东汉时称为"刺",因此,名片又称"名刺"。明代之后,许多人家在门口贴一个红纸袋,专收名帖,叫"门簿"。民间互访拜年的形式,根据彼此的社会关系,大体可分四类:

一是走亲戚。如男子初一到本家,初二到岳父家,须带礼物。进门后先向祖宗牌位行三叩首礼,然后再给长辈们依次行礼。可以逗留吃饭、谈心。

二是亲朋好友拜访。如给同事、朋友拜年,一进屋门,如与主人系平辈,则只需拱手一揖而已;如比自己年长,应主动行礼。这种情况一般不宜久坐,寒暄两句客套话就可告辞。主人受拜后,应择日回拜。

三是感谢性的拜访。凡对人家欠情的(如律师、医生等),可买些礼物送去,借拜年之际,表示谢忱。

四是串门式的拜访。对于部分左邻右舍的街坊,素日没有多大来往,但见面都能说得来,到了年禧,只是到院里,见面彼此一抱拳,说句"恭喜发财"或"一顺百顺",在屋里坐一会儿即可,无过多礼节。

古时有拜年和贺年之分：拜年是向长辈叩岁；贺年是平辈相互道贺。现如今，有些机关、团体、企业、学校里，大家聚在一起相互祝贺，称为"团拜"。

随着时代的发展，拜年的习俗亦不断增添新的内容和形式，人们除了沿袭以往的拜年方式外，又兴起了短信拜年和电话拜年等。

延伸阅读

我国有哪些传统节日

(1)端午节。农历五月初五为端午节，又称"端阳节"。端午节是我国的传统节日，这一天必不可少的活动逐渐演变为请钟馗，跳钟馗，闹钟馗，吃粽子，赛龙舟，挂菖蒲、蒿草、艾叶，薰苍术、白芷，喝雄黄酒，系百索子，做香角子，炒/贴五毒，贴符，放黄烟子，吃十二红等。这些活动流行的区域有所不同。请钟馗、跳钟馗、闹钟馗流行于陕西；赛龙舟流行于水乡；吃粽子流行于水稻种植区域；炒五毒流行于山东南部和江苏，是以韭菜、茭草(或金针菜)、木耳、银鱼、虾米等同炒，可能是以这几种菜象征蟾蜍、蝎子、蜘蛛、蛇、蜈蚣等五毒，是端午的必备菜肴，现在少见。在屈原故乡秭归有3个端午节：农历五月初五为"头端阳"，五月十五为"大端阳"，五月二十五为"末端阳"。

(2) 中秋节。农历八月十五为中秋节，这一天民间有祈求团圆的相关节俗活动，也称"团圆节"。中秋节这一天人们都要吃月饼以示"团圆"，同时，举行一些仪式和娱乐活动，如中秋祭月仪式。民间也有拜月活动，在月下设大香案，摆上月饼、西瓜、苹果、红枣、李子、葡萄等祭品，红烛高燃，全家人依次拜祭月亮，然后由当家主妇切开团圆月饼。切的人预先算好全家共有多少人，在家的，在外地的，都要算在一起，不能切多，也不能切少，大小要一样。中秋节有许多的游戏活动，首先是玩花灯，其次是舞火龙。舞火龙是香港中秋节最富传统特色的习俗。从每年农历八月十四晚起，铜锣湾大坑地区就一连三晚举行盛大的舞火龙活动。此外，还有蒙古族"追月"、藏族"寻月"、赫哲族"祭月"、德昂族"串月"、阿细人"跳月"、苗族"闹月"等特色游艺活动。

(3)春节。农历正月初一到正月十五，为传统的春节。春节是汉族最重要、最隆重、最富有特色的节日，满、蒙古、瑶、壮、白、高山、赫哲、哈尼、达斡尔、侗、黎等几十个少数民族也有过春节的习俗，只是过节的形式各具自己的民族特色。

汉族一般以吃年糕、饺子、糍粑、汤圆、荷包蛋、大肉丸、全鱼、福橘、苹果、花生、瓜子、糖果及饮香茗、美酒等为主,并伴有掸扬尘、洗被褥、备年货、贴春联、贴年画、贴剪纸、贴福字、点蜡烛、点旺火、放鞭炮、守岁、发压岁钱、拜年、走亲戚、上祖坟、逛花市、闹社火等许多活动。特别是年夜饭,尤为讲究:一是全家务必聚齐,因故未回者必须留一个座位和一套餐具,体现团圆之意。二是饭食丰盛,重视"口彩",把年糕叫"步步高",饺子叫"万万顺",酒水叫"长流水",鸡蛋叫"大元宝",鱼叫"年年有余"。鱼准看不准吃,名为"看余",必须留待初一食用。北方无鱼的地区,多是刻条木头鱼替代。三是座次有序,多为祖辈居上,孙辈居中,父辈居下,不分男女老幼,都要饮酒。吃饭时关门闭户,热闹尽兴而止。正月初一早晨,开门大吉,先放爆竹,叫作"开门炮仗"。爆竹声后,碎红满地,灿若云锦,称为"满堂红"。

(4)清明节。清明最开始是一个很重要的节气,清明一到,气温升高,正是春耕春种的大好时节,故有"清明前后,种瓜点豆"及"植树造林,莫过清明"的农谚。清明节的习俗很丰富,除了讲究熄火、扫墓外,还有踏青、荡秋千、打马球、植树插柳、放风筝等一系列风俗体育活动。因此,这个节日中既有祭扫新坟,生死离别的悲伤泪,又有踏青游玩的欢笑声,是一个富有特色的节日。

七、生日:点燃亲情的蜡烛

在城市,记住朋友的生日,打祝贺电话或邮寄生日贺卡已经成为流行的人际交往手段。在乡下,记住长辈的生日,并给长辈操办生日宴会,是做儿女的孝道。办生日宴会的场面,比大年三十的团年饭还热闹。特别是逢十的大寿辰,还会请一些乡亲父老、亲朋好友,大摆酒宴庆贺。这时,要重视宴会的仪式和礼节,让大家高高兴兴地来,舒舒服服地吃,痛痛快快地喝,安安全全地回。

1.寿宴的准备

乡下家里办寿宴的准备工作,和其他宴会有许多共同的地方。例如,要确定足够大的场地,提前备好菜单和酒水,租借餐具桌凳,请好厨师和帮工等。不同的准备工作有:

(1)剪贴寿喜字。剪贴寿喜字讲究寓意。例如,因"喜"字的草体可以看成"七十七",所以是对77岁的祝贺;因"伞"的简笔可以读成"八十",所以是对80岁的祝贺;因"米"字可以分读为"八十八",所以是对88岁的祝贺。

(2)客人礼物。来祝寿的亲朋好友一般会送礼金和礼物。最好在散席后,分别回送小礼品。因此,应预算好人数,准备好送给客人的礼物。

2.祝寿词范文

(1)嘉宾主持。

各位常来常往的亲朋好友、各位贤惠的女士、各位美丽的小姐、各位尊贵的先生:

大家好!今天,是××××年××月××日(农历××年×月初×),在这动人心弦的美好时刻,我们相聚在古朴典雅、鲜花簇拥、喜庆浓郁的××大酒店寿宴厅,共同热烈、隆重地庆贺×××先生七十大寿生日快乐。我叫×××,是×××先生的侄女,也是今天宴会仪式的主持人。首先,我代表伯父及全家人,向参加寿宴的来宾和亲朋好友,表示真诚的欢迎和衷心的谢意!一家喜事千人喜,无限欣慰在心里;高朋满座,嘉宾云集,欢声笑语,其乐融融。让我们共同举杯,祝愿我伯父×××先生健康长寿,福如东海,寿比南山。同时,送各位可爱的来宾一件"外套",前面是平安,后面是幸福,吉祥是领子,如意是袖子,快乐是扣子,口袋里满是温暖。希望大家在这和睦的气氛里过得愉快,并留下一个特别美好的回忆。谢谢!

(2)孙辈代表。

首先,请允许我代表我的爸爸妈妈向大家致以亲切的问候,祝大家年年新气象,天天好心情!今天是我敬爱的姥爷七十寿辰,我们大家的心情十分激动,在这里我首先代表所有的晚辈向姥爷送上最真诚、最温馨的祝福!风风雨雨七十年,姥爷阅尽人间沧桑,一生中积累的最大财富就是他那勤劳善良的朴素品格,就是他那宽厚待人的处世之道,就是他那严爱有加的朴实家风!这一切,伴随他经历了坎坷的岁月,让我们迎来了今天的幸福生活,而且这笔宝贵的财富已经渐渐被我们晚辈所继承,一切的一切,我们都感到特别的幸福。来吧!让我们斟满酒杯,祝我的姥爷七十岁生日快乐!祝在座的各位天天开心!事事顺利!心想事成!

3.答谢词范文

操办生日宴会的儿女辈主事向来宾致答谢词:

尊敬的各位领导,各位长辈,各位亲朋好友,大家好!在我父亲七十大寿之际,非常感谢领导、各位常来常往的亲朋好友、各位贤惠的女士、各位花枝招展的小姐、各位尊贵的先生和嘉宾的莅临……愿我们的友谊与血肉之情,永远像今天大厅里的气氛一样炽热、真诚;愿我们愉快的心情,永远像今天窗外的枫叶一样鲜艳、晶莹。谢谢大家!

实用妙招

举办生日宴会,还应当注意安全。参加生日宴会,也应当遵守行为规范。

为宴会安全护航

无论是在家里还是在饭店操办长辈的生日宴会,安全总是第一位的。特别是食物和酒水的质量要严格把关,选择信得过的商家和品牌购买。如果是在酒店操办,特别注意查看厨房的卫生和宴会场地的消防安全通道是否畅通。另外,可自带酒水,一来省钱,二来确保是真货。

生日宴的行为规范

一是准时到场。大型筵席会少则几十人,多则上百人。你的地位再尊贵,也不能让大家等你一个人。

二是文明就餐。用餐要文雅,做到不贪食,不牛饮,不虎咽,不鲸吞。

三是只说吉利话。在老人的寿宴上,主人家比较忌讳客人议论一些不好的事情,如谁家的媳妇闹自杀,谁家的老人有病危等不吉利的事。客人应自觉不谈及该类事情。

八、婚庆:幸福快乐的彩排

男大当婚,女大当嫁。婚嫁是百姓人家的大事,少不了隆重的庆贺活动。婚庆活动的形式五花八门,主要环节包括接亲、迎亲、哭嫁、燃炮、拜堂、喜宴、送客、闹新房等。其中,喜宴是婚庆活动的重头戏。唱好重头戏,要有机灵的主持人、嘉宾和证婚人的祝酒词。

婚庆宴会可以在家里举办,也可以在宾馆酒店举办。邀请好主持人、司仪、嘉宾、证婚人,准备一段精彩的祝酒词,会给宴会增添几分色彩。让我们走进一对新人的婚庆宴会现场,体验喜庆的气氛吧。

主持人：

各位朋友，各位来宾，大家好！

今天，阳光灿烂，春意融融，高朋满座，笑语哗堂。在这鲜花盛开、春光明媚的大好日子里，我们隆重聚会，欢聚一堂，庆祝××和××一对新人喜结良缘，缔结百年之好。今天，我非常荣幸地受东道主的委托主持今天的喜宴。首先，请允许我代表张××大哥全家对各位朋友、各位来宾的光临表示最衷心的感谢和热烈的欢迎！

一世良缘同地久，百年佳偶共天长。今天是个好日子，好日子伴随着好心情，彩云飞翔；好心情伴随好生活，欢乐吉祥；好生活伴随好家庭，幸福安康！……

今天宴会上最高兴、最激动的莫过于东道主张大哥了！有请张大哥向各位来宾表达心情（鼓掌）。

新郎的父亲：

尊敬的各位来宾：

今天，是我儿××和××举行结婚典礼的喜庆日子，承蒙各位来宾远道而来，在此我向大家表示热烈的欢迎和真诚的感谢！俗话说，男大当婚，女大当嫁。婚姻是男女双方对生活、人生的一种确认。此时此刻，我们在这里聚会，共同见证和祝福这对年轻人的甜蜜爱情和美好婚姻。婚姻，也是一种契约、一种责任，它不仅需要温馨、浪漫，而且需要谦让、理解和经营。作为父母，看到两位新人今天的成长、成熟和成功，我们感到由衷的高兴，并真诚地希望，他们今后能够互敬、互爱、互谅、互助，无论贫困还是富有，无论健康还是疾病，都要一生一世、一心一意，忠贞不渝地爱护对方，在人生的路途中永远心心相印，比翼双飞。希望他们用自己的聪明才智和勤劳双手去创造自己美好的未来。最后，我再一次感谢在座的每一位亲朋好友，祝愿大家生活美满、家庭幸福、财源广进、事业发达！谢谢大家！

主持人：

接下来有请新郎张××向各位朋友、各位来宾说几句话（鼓掌）。

新郎：

尊敬的各位来宾，大家好！

今天是我与××走进婚姻殿堂的日子，各位叔叔大爷兄弟姐妹远道而来，在此我表示衷心的感谢，此外，我还想借此机会表达我心中的感谢。

第一个要感谢的是,含辛茹苦把我们养大成人的父母。从我们呱呱坠地的那一刻起,你们把所有的爱都给了我们,教说话、教走路、教知识、教做人……这说不尽、道不完的父爱、母爱是无法言表的。可在我们成长的过程中,不懂事的孩子经常惹你们生气,让你们担心。但如今,我们都已长大成人组成家庭,到我们尽孝心、赡养你们的时候了!请父母们放心,我们将会是世界上最幸福的一家人(向父母深鞠躬,向岳父母深鞠躬)。

第二个感谢要送给在座的所有的亲戚、长辈和朋友们。在以前的工作和生活中,我们让你们操心、劳心、费心了;相信从今天起,无论工作还是生活,我们定会让你们感到放心、安心、开心;请大家见证,我们不是最优秀的,但我们这个组合会是最美满、最快乐的……(向来宾15度鞠躬)。谢谢你们为我做的一切,谢谢!

主持人:

下面请来宾代表×××讲话(鼓掌)。

来宾代表兼证婚人:

各位来宾,各位朋友!

今天,天地为证,日月为证,泰山为证,黄河为证,各位长辈、各位亲朋好友为证,让我们共同祝福一对新人:在今后的日子里,生活像蜜糖一样甜蜜,爱情像钻石一样永恒,事业像黄金一样灿烂!祝他们的小日子芝麻开花节节高,祝他们的新生活过得像火焰一样红红火火!

主持人:

喜宴马上就要开始了,让我们共同举杯,为一对新人的幸福干杯,为各位来宾、各位朋友的身体健康干杯!为我们共同的美好明天干杯!

实用妙招

婚宴礼仪攻略

(1)来宾的礼仪。参加婚宴的客人一般要注意三点:一是着装要喜庆,但衣服的华贵和艳丽不要超过新郎或新娘。二是要准备红包。新人结婚,你若送些锅碗瓢盆或鸡鸭鱼肉,太不合时宜。三是闹洞房要文明礼貌。新人的洞房花烛夜,你可以去热闹一下,但不宜过度,否则,有失身份;也不能赖到三更半夜还不走,否则,有失礼貌。

(2)长辈的礼仪。一是在给新人良好的祝福的同时,多给新人家人美好的祝愿。二是对宴会座次安排不周的地方,要多多谅解,不宜表露不高兴,不能拍桌子走人。三是尽量主动提出不留宿,除非主人再三挽留。

(3)新郎新娘的礼仪。一是要在婚宴之前叩见至亲,并按当地习俗进行相应的仪式。二是要站在显眼的位置迎接来宾,并亲自向重要嘉宾敬烟、敬茶。三是要给每一桌客人敬酒,并表示感谢。

(4)一般婚礼流程安排。例如,早上8点以前,新娘化好妆→9点左右,男方在婚礼车上贴红喜字→10点之前,婚礼车到达女方家门口,向拦门的小朋友发小红包→男方和陪同等进堂屋用茶,和女方家人聊天(半小时左右)→10点29分,新娘和家人上婚礼车,鸣鞭炮发车→婚礼车在新娘所在的村庄慢速行驶,接受邻居的目送→11点19分,准时到达新郎的家门口→男方家人鸣鞭炮,新娘和家人下车→12点整,婚宴席开始→敬酒→下午1点,宴席结束→ 安排亲友进行棋牌等娱乐活动 →下午3点整,新娘告别家人,婚礼车送新娘的家人返回→在亲友离开告别的时候,男方向参加婚宴的所有亲友回礼→所有客人告别后,婚宴结束。

九、丧事:简朴庄严的仪式

近日,有一位88岁高龄的老人病故,其儿女既没有按当地风俗习惯进行悼念,也没有办酒席,而是悄悄地把老人家安葬在人文公园。事后有些同志议论纷纷,说这么大年龄,连个追悼会都不开,太不懂规矩了。逝者儿女则说:"老人在世时,我们做儿女的尽了孝心就是对老人的最大安慰,何必死后搞那些虚情假意的给别人看呢?既费力,又费钱,劳民伤财。"这话说得有理,提倡移风易俗,值得称赞。不过在死后开个追悼会,"盖棺论定",也很有必要。

1. 传统丧事礼俗

给死去的人办丧事,称"治丧"。古人认为,人死是"驾返仙乡",去极乐世界"再造辉煌"。因此,治丧又叫"办白喜事"。旧时,无论宫廷还是民间,治丧都有一套繁琐的礼俗。现在,有的治丧环节被简化,有的环节被强化或改造,而且大江南北的丧事礼俗大同小异。也就是说,大的环节相同,小的细节上各有特色。大的环节一般包括报丧、装殓、上材、上祭、移灵、出殡、下葬等。

第二章 公共交往礼仪

(1)南方丧事礼俗。治丧时间一般为3~5天。特点有鸣铳报丧、打水装殓、上材、行大礼、祭奠、扎灵屋、唱夜歌等。

鸣铳报丧。长者病危,子孙要火速归家守候,听其遗嘱。一旦落气,屋内号啕大哭,屋外鸣铳报丧,同时,要烧纸轿"送行",名曰"起轿"。

打水装殓。由师公或长者鸣锣开道,领孝子到附近"打水",即孝子跪地舀水,亡者多少岁,便舀多少杯。每舀一杯,敲一下锣。打水回来,加柏木煮沸,凉后洗浴,更衣装殓。

上材。上材就是入棺。清代,富绅用内外两棺,内棺为陶质,外棺为楠木、柏木或檀木制成。但普通人家仅一副杉木棺,赤贫者有用木板临时合制的。

行大礼。行大礼相当于道场和儒礼两个环节。道场分僧人道场、阴阳道场两种。僧、阴阳道场可在同一灵堂诵通,但须僧念道停,轮换进行。

祭奠。扎孝堂,罗孝帷,点长明灯。儿子和儿媳头戴孝帽,身着麻衣,腰系草绳,脚穿草鞋,手拄孝棍(糊以白纸的竹棍或桐木棍),孙辈及其他家人均穿白衣,鞋面缝白布。亲友来吊唁,不论年长年幼,孝子均下跪相迎。女眷每日早晚到孝帷内嚎哭一场,俗名"闹丧"。

扎灵屋。扎灵屋就是扎纸屋烧给亡人。相传起源于三国:周瑜作古,孔明梦见他披发仗剑呼喊:"还我荆州!"孔明自此胸痛不宁,于是令工匠作一纸扎荆州城与祭文同焚,当天夜里立即心静神安,从此民间就有了扎纸屋的习俗。

唱夜歌。出殡前夕,孝子通宵守灵,俗称"坐夜"。宾客多拥聚孝堂听夜歌。夜歌是一种民间挽歌,有一定的曲调,内容主要是"二十四孝"、"十月怀胎""辞别歌"等。

(2)北方丧事礼俗。治丧时间一般为3~7天。特点有上床、指路、报庙、送三、上祭、出殡、上坟圆墓等。

上床、指路。老人病危临死前,先要穿上"装老衣裳",抬到"床"上,叫"上床"。"咽气"后,"床"前摆供桌,供品为5个馒头和5碗菜,点长明灯。在烧纸盆内烧纸后,"孝子"在屋外烟囱下跪地,高呼三声爹(或妈),"明光大道,西方大路",称指路。指路完毕,亲人才可以哭,俗称"号丧"。

报庙。由帮忙人率领"孝家"到土地庙替亡人报到称"报庙"。"孝家"按辈分年龄排一行,手中各拿几张黄钱纸,去时不哭、不喊,到庙烧纸上香后,哭喊回家,在跪灵床前哭三声后,报庙完毕。

送三。送三就是孝家到土地庙,送别亡灵去西方极乐世界。送三队伍排列,

· 51 ·

男前女后,家人前亲朋后。大女儿(二女儿或三女儿也可)有特权,手拿一根高粱秆子,缠上几张烧纸做的扫帚形的用具,走在队伍最前,做扫街状。

上祭。就是向亡者敬献祭菜。先要由厨师做好成套的祭菜。先上家祭。直系子孙、儿媳,没出门的女儿、孙女,按辈分跪在灵前,头顶白棉布,由专人指挥,帮忙人从灵前起终,围孝家一圈做传菜手。家祭完毕,轮到亲友。

出殡。各路亲戚到齐,上祭礼完毕,便开始起灵,即乡亲邻里等人将棺材移至棺罩,长子摔碎"牢盆"便开始向墓地起程。出殡的顺序是:鼓吹仪仗开道,孝子相接拉灵或步行,灵柩相跟,孝妇、孝女在灵后跟随。

上坟圆墓。埋葬后第三天,孝男、孝女要上坟圆墓,即用铁锹修整坟冢。第七天要上坟烧纸,称"过头七"。此后逢三七、五七、七七(即尽七),都要上坟烧纸。

2.丧事礼仪

参加丧礼的宾客着装低调,以深色为基调,面部表情严肃,避免嬉笑,这是基本的礼仪。现在,乡下的丧礼活动提倡移风易俗,简化传统的治丧环节,流行以开追悼会的形式办理丧事。这样既节约开支,不劳神费力,又开创了时代新潮流。

(1)改土葬为火葬。土葬有三废,废田地、废人力、废财物。入土为安,不如火葬为安。火葬是一种科学处理尸体的方式,具体而言,是用火把尸体烧成骨灰,然后安置在骨灰瓮中,埋于土中或撒于水中或空中。

(2)改道场法事为追悼会。做道场、办法事这些旧的习俗,主要弊端是时间长、过程繁琐,太伤感、伤神、伤身体。开追悼会时间短,可以委托殡仪馆具体操办,孝家不必劳神费力。开追悼会可以不办酒席,为自己和客人都节省了一笔开支。

(3)请村干部致悼词。乡下能移风易俗办丧事,村干部会大力支持。追悼会上,请来村干部致悼词,既是对死者的尊重,也增添仪式感。村干部致悼词环节,有利于新风尚的流行和推广。

(4)孝家致答谢词。追悼会上,家属代表要发言,对村干部和来宾表示感激之情。下面是一段发言的范文。

各位长辈、各位亲友:

今天承蒙大家亲临先父的追悼会,我怀着十分沉痛的心情,代表我们家属,谨表谢忱。先父自幼好学,为人谦和,毕生致力于党的事业,我们子女们也深感光荣。近几年,他虽然身多疾病,仍心系党的宗旨,并且对经济社会发展充满信心,经常在病榻前教导我们加强德智修养,努力报国,做一个虚心踏实的全心全意为人民服务的人。今后我们自当牢记遗训,使先父得以安眠于地下,并以此报答各位尊长、各位亲友的期望。

3.如何写悼词

悼词也叫"祭文"。悼词专指在追悼会上对死者表示敬意与哀思的宣读式的专用哀悼文体,其主题是化悲痛为力量。通常的宣读式悼词往往采用记叙式的写法,以记叙死者的生平业绩为主,并适当地结合抒情或议论,充分肯定死者对社会的贡献,真诚表达生者的悼念和敬意,以质朴无华的语言和多种多样的形式,体现化悲痛为力量的积极内容。

开追悼会是为了缅怀逝者,与会者沉痛的心情自然可以理解,悼词也必须注意到这一点,赞颂逝者功德,力避提及过失。

下面为追悼会悼词范文。

各位亲友,各位来宾:

今天,我们怀着十分沉痛的心情深切悼念中国共产党党员×××同志。

×××同志因××××病医治无效,于××××年××月××日晚×时××分在×××人民医院与世长辞,享年××岁。

×××同志××××年×月生于×××市×××县(区),××××年×月参加革命工作……

(以下内容为该同志简要经历,附带讲一些该同志的闪光点)

×××同志一生勤勤恳恳,任劳任怨。无论是在×××岗位,还是在×××岗位,他总是一心扑在工作和党的事业上,干一行,爱一行,精一行,敬业爱岗,默默奉献。

他对工作认真负责,一丝不苟。他认真执行政策,敢于坚持原则。×××同志为人忠厚、襟怀坦白、谦虚谨慎、平易近人,生活节俭、艰苦朴素,家庭和睦、邻里团结,他对子女从严管教,严格要求,子女个个遵纪守法,好学上进。

×××同志的逝世,使我们失去了一位好同志。他虽离我们而去,但他那种勤勤恳恳、忘我工作的奉献精神,那种艰苦朴素、勤俭节约的优良作风,那种为人正派、忠厚老实的高尚品德,值得我们学习和记取。我们要化悲痛为力量,努力学习和工作,再创佳绩,以慰×××同志在天之灵。

×××同志安息吧!

4.参加丧事活动应注意的礼仪

一般情况下,丧事活动礼节要注意以下几点:一是着装要稳重,男女客人都要穿深色、冷色调的服装,切勿穿得花枝招展;二是说话语调要低沉,表情要严肃,不要大声说笑;三是要关心丧家成员的身体状态和情绪,多安慰对方,多说同情的话;四是用餐时要少喝酒,以免酒后失态和乱说话;五是送礼要避开吉利数字,以免丧家误会你暗藏幸灾乐祸的心机。

第三章
村民活动礼仪

公共礼仪是指参加公共活动的礼节、礼貌等行为规范。乡村普通老百姓需要参加的公共活动,有村里的议事会、村支两委竞选会、座谈会、访谈会和集贸市场交易活动等。个别群众评上先进,还要参加镇里、县里的表彰会。如果说,在日常生活中讲礼仪有利于建立良好的人际关系,那么在公共活动中注意文明礼貌、运用公共礼仪,则有利于使你的人格魅力发挥更大的作用,提升公众对你的支持率,从而有助于顺利达到你参加公共活动的目标。

一、村民大会守规则

如今,农民不仅享受国家颁布的惠农政策,而且人人可以享受民主政治权利。这个民主政治权利是通过"一事一议"的村民自治机制来实现的。村里的大事不是村支部书记说了算,办不办和怎么办都要村民集体讨论,然后将议定的方案交由村民大会或村民代表大会进行民主决策,经多数人同意后,才行得通。于是,有想法的村民都积极参加议事会,并争先恐后地发言。如何让你的发言在议事会上有影响或影响更大呢?除了发言内容要精彩、观点要有力以外,掌握参会的礼仪礼节也很重要。比如,有人不注意卫生和着装,穿着邋遢进入会场,他可能不好意思到主席台大声讲话。这样,影响力就会大打折扣,再好的点子和想法也等于零,从而错失一次表现自己的机会。因此,参加议事会要有充分的准备才行。

1. 参会前的准备

接到会议通知,在出发前,应先处理一下个人卫生问题。大汗淋漓时,别忘了洗个淋浴,腋下抹上一点"香体露"。有体味严重者可能自己不觉得难闻,但有必要用相应的药水掩盖身上那些味道。个人卫生的重点是修整好面部,然后把当季最新潮的那套正装穿起来,它能让你更自信。若你代表几户人家行使权力,那就要和他们商议、交流看法,统一想法和观点,并尽早准备好发言材料,准时到会。如果是第一次发言,最好做一些能树立信心的事情,如做自我心理暗示,在心里面说几遍:"我行,我很行,我是村里最棒的!"直到确定能完成大家交给自己的光荣任务为止。

2. 会议发言样稿

村里的议事会一般是由村支部书记主持,村主任作主题发言,其他参会代表发表见解,属于讨论发言。下面是一篇讨论发言样稿,仅供参考。

各位村干部、村民朋友,晚上好!

刚才,村主任介绍了猕猴桃项目的基本情况和发展思路,大家都对这个项目感兴趣,老李同志还提出大胆的想法,要搞1000亩①猕猴桃基地。我认为大家的想法、说法都有道理,我也佩服各位的聪明智慧。但我想从另一个角度提出问题,供大家思考。也就是说,不能光看猕猴桃项目的发展前景和高收入预期,也要考察发展前景背后,是否有风险、风险有多大,哪些风险可以控制,哪些不可以控制。我的基本观点是,猕猴桃项目有风险,而且是不容易控制的风险。第一,猕猴桃的市场价格比起5年前要低多了,这说明种猕猴桃的多了,吃猕猴桃的没有增多,或者猕猴桃需求的增加没有和猕猴桃供给的增加一样多。我们如果搞1000亩猕猴桃基地,3年后,会增加500吨以上猕猴桃供给量,本地市场竞争会越来越激烈,价格不是涨上去,而是会继续跌下来。第二,我们村的土壤是否最适合种猕猴桃,如果不是,种出来的猕猴桃味道就可能不好,产量就可能不高,那样就没有一点市场竞争力,没有竞争力的产品一般只赔本不挣钱。第三,土地入股,交给龙头企业租赁经营20年。他们经营得好,会给我们几百元一亩的租金;经营不好,没钱发给我们租金。我们总不能违约,把他们的猕猴桃树砍了吧。我的发言完了,谢谢!

3. 发言礼仪事项

所谓"发言礼仪",就是发言过程中的行为细节要符合惯例。例如,情绪要平

---

① 1亩约等于667平方米。

稳、站立姿态端正、步行有力度、鞠躬适度、声音明亮等。轮到你上台发言时,起立、做一次深呼吸后,以稳健而有力的步伐走向主席台。如果是小型议事会,不设主席台,从你的座位上站起来就好,双腿并拢,双手自然下垂,向听众做25°礼貌性鞠躬,再一次深呼吸,以消除紧张情绪。如果面对的人很多,应等心跳慢下来,立即就按照事先准备好的提纲,简明准确地讲出你的看法和观点。尽量脱稿讲,重点说自己的主意如何好,观点如何正确,不说别人的主意如何不好。如果有会议参加者对你提问,应礼貌作答,对不能回答的问题,应机智而礼貌地说明理由。对提问人的批评和意见应礼貌听取,即使提问者的批评是错误的,也不应失态。

■ 实用妙招

谁来准备议事会?

通常由村委会负责准备议事会。议事会议要想达到预期效果,首先取决于准备工作做得如何。对会前准备工作的要求是:"丝丝入扣,万无一失"。这就要求精心做好会前准备。会议准备主要有四项内容:

一是确定对群众有意义、对本村发展有价值的会议主题。这是开好议事会,让多数代表举手通过决议的前提和基础。

二是选择好会议地址。会场的大小要根据会议内容和参加者的多少而定。会场大而参加者少,会给人一种空荡荡的感觉;会场小而参加者多,又会给人以局促之感。

三是选好与会代表。应选那些有正义感、有责任心、有远见的村民和党员当议事会成员。

四是提早通知开会的内容。议什么事,要让与会代表早知道,早知道才能有时间思考问题,才会提出有价值、有眼光的合理化意见。

二、村委会竞选需演说

参加村支两委的竞选会议,可以是行使你的选举权,即为候选人投票;也可以是行使被选举权,既发表竞选演说,让村民群众了解你的执政纲领、执政措施和执政承诺,以声情并茂的演说,打动群众投你的票。如果是行使被选举权,这里先讲一讲竞选前的准备和一些礼仪事项,同时,提供一份演说样稿供参考。

1. 参会前的准备

竞选演说的准备不同于议事会。上台演说的当天,处理个人卫生问题的标准和要求与议事会相同,但着装要求不同。村上竞选演说不宜穿正装打领带,你应穿村里群众流行的衣服款式,用干净朴素的服装暗示,你同群众打成一片、同心同德的决心。竞选演说之前还有两项最重要的工作要做,一是在本组或本族成立你个人的竞选班子,发动班子成员到全村各家各户串门聊天,宣传你的个人品德和执政能力,用你的个人魅力去拉票。二是精心准备你的竞选演说稿子,并在你的竞选班子面前练习几遍,让大家帮你完善演说内容,改进演说风格,鼓起演说气势,树立演说信心。

2. 竞选演说样稿

各位领导、全体党员、村民代表:

大家好!作为我们龙泉村新一届村委会班子成员的候选人,今天能够在这里做竞选村委会主任的竞选演讲,我的心情既感到荣幸、激动,又感到责任重大。

在今天这样一个严肃的场合,我不敢慷慨激昂地做什么竞选演讲,因为,作为一名普通的龙泉村人,此前我还没有为养育我的家乡以及关心、支持我的父老乡亲做更多值得说的事情。我同时不想冠冕堂皇地做多少任期内的承诺,因为,面对全村老少的信任和期望,我只有满腔的工作热情,时刻准备着为我们村的长远发展付出实实在在的行动。

这次能够得到绝大多数群众的推选,我确确实实地感到心潮澎湃,感慨万分。在今天这样一个神圣的时刻,我只想把我的心里话说出来,把我甘愿为全村父老乡亲做些事情的心愿讲出来,希望能够得到大家更多的理解和更大的支持。

我属于生在新中国、长在红旗下的一代人,青春年少时家境贫困,也曾种地务农,和许多人一样,心中时刻都装着一个脱贫致富的梦。是国家改革开放的好政策给了我们走出困境的良好机遇,这些年,承蒙上级有关部门和村党支部、村委会的关心,尤其是咱们淳朴善良、热情厚道的父老乡亲的支持和帮助,使我步步走向小康。

老实说,我有自己的事业,也曾有过一辈子沿着这条路走下去的设想和打算……是的,在面临我人生道路上的这个重大抉择的时候,在新一届村委会换届

第三章 村民活动礼仪

选举到来之时,面对众多村民的推选,我想了很多很多。如果从我个人事业和利益的角度考虑,我完全可以选择放弃。但是,一直以来一种盼望着能够为村民做更多的事情,尽自己绵薄之力的强烈愿望驱使着我,使我坚定了竞选的信念。我想,个人富裕不算富,只有全村人都走上小康之路才算富!是龙泉村的土地养育了我,而我回报给村里人的,至今还很少很少。人生在世,就得要有一种精神,要懂得感恩,懂得奉献,要充分体现自己的价值。因此,我毅然走上了这个竞选的舞台,不为别的,只想为全村人实实在在地做一些事情,只想用最大的能力回报信任和支持我的父老乡亲。

各位领导、全体党员、村民代表,我深深地感到,当村干部难,当一个能够聚人心、得民意,能够让百姓满意、令群众放心的村干部更难。有句话说得好,"给了舞台,就要唱好戏"。我是抱着一种尽自己最大的努力为村民服好务、办好事的心情来的,如果我能够得到群众的信任和认可并当选,那么,上级党组织和全村父老乡亲对我的信任和期待就是我干好工作最大的精神动力,也是我当好一个村干部的力量源泉……我将本着上为支部分忧,下为百姓解愁,全心全意为全村人服务的信念,怀着一颗不计较个人得失的平常心,一心为集体,实实在在为百姓,全力以赴抓稳定,一心一意谋发展,组织和带领群众共同富裕,当一名"想群众所想,急群众所急"的合格村干部。

同志们,如果能够当选,我想着重从以下几个方面入手开展工作:

一、抓稳定,创建和谐氛围。我会主动地向老干部们学习请教……一心为公,干部群众心往一处想,劲往一处使,共同把我们村建设得更加美好!

二、做表率,建设务实班子。在思想上、行动上与上级党组织保持高度一致……建设一个凝聚人心、务实求真的坚强班子。

三、落实公开透明、村财务制度……真正落实好以财务公开为主要内容的村务公开制度,用干部自身的清白,给百姓一个明白。

四、引资金构筑多元经济。想方设法创造宽松的投资环境,积极吸引外来资金,并为村民投资办厂、开店、发展种植或养殖业等尽量提供条件和优惠政策,在帮助村民投资贷款、建厂选址、扩大规模、引进技术和人才等各方面提供服务,逐步实现主导产业健康发展、个体私营经济迅速壮大、多种经济成分并存、村民安居乐业的宽裕型小康村经济发展目标。

五、办实事,健全保障体系。千方百计搞好经济建设,确保全村经济稳定增长,尤其是要建立社会保障制度,使贫困家庭、残疾人、孤寡老人和助学儿童得到

农民社交宝典

应有的救助,使他们尽快摆脱困境,实现共同富裕。

六、谋发展,坚持开拓创新……

各位领导、同志们,我不想做许多不切合实际的口头承诺,也没有打算把自己塑造成一个什么样的村干部,我只想努力去做好每一件事,只希望用实际行动把自己的愿望变为现实。最后,我只想向全体村民说一句话,那就是:给我一次机会,还您一个满意。谢谢大家!

实用妙招

演说礼仪事项

竞选演说不同于讨论发言,讨论发言比较随意,竞选演说比较正式、正规。因此,上台前,别忘了整理一下衣冠。走上演讲台,应步态自然,刚劲有力,体现一种成竹在胸、自信自强的风度与气质。发言时应口齿清晰,讲究逻辑,简明扼要。可以看事先准备的稿子,但要时常抬头扫视一下会场,不能低头读稿,旁若无人。千万不能坐在演说台后面的凳子上发言,应站立演说,双腿并拢,腰背挺直。持稿时,一手拿住稿子的底部中间,一手五指并拢自然下垂。说到激昂之处,可以运用手势表达一下情绪。如果不幸头皮发痒、眼睛发干,切勿搔头、揉眼。

三、乡村赶集尊重习惯

集市,就是在固定的地点,定期或临时集中做买卖的市场。乡村集市是由农民、渔民、牧民等农业生产者及其他小生产者为交换产品而自然形成的市场。集市有多种称法,如"集""墟""场"等。目前,在中国农村,集市仍然普遍存在,集市是农村商品交换的主要场所之一,在农村经济生活中起着重要的作用。在集市上买卖的主要商品是农副产品、土特产品、日用品等。集市买卖同样讲礼仪,讲究买卖公平、文明竞争,不缺斤少两、不以次充好、不欺行霸市。

1. 乡村集市

乡村集市不同于城里的商场和超市。乡村集市虽然没有奢华、灯红酒绿的气派场面,但是有着许多城里人想要而找不到的东西。下面选编的这篇描述集

60

第三章 村民活动礼仪

市的短文会告诉你这些东西究竟是什么。

集市……她是乡村百姓热恋着的情人，每隔三五日，人们便来与她相会。集市的恒久魅力，在于她总是善解人意，有着浓浓的人情味。

小麦眼看就要熟透，而连绵阴雨又将接踵而至，听到山外隐隐约约的雷声，村民的心头一阵阵发紧。逢集这天，天刚亮，四方的农民就成群结队地往集上赶，此时，拥挤的集市上，仿佛被点着了一把火，充满了烟熏火燎的味道。那些本来还能沉住气的人，在这种紧张气氛的感染下，立时变得急促起来。大家好像被一种无形的力量驱使着，急急忙忙地买各种农具，买夏播的种苗，还要买肉买油，甚至买价格很贵的白鳞鱼。三夏期间的农活最重，一家人必须吃饱吃好，才有力气去从烈日里夺粮，并在下雨之前把玉米和地瓜抢种上。那些手头没有现钱去赶集的农民更急，他们把家里攒的粮食或正养着的鸡猪羊带到集上，顾不得跟买主讲价，只盼着能够尽快出手并拿到现钱，好去买急需的东西……

与麦前集的急躁样子完全不同，春节前的年集亲切而又祥和。

他们算准了日子，换上干净的衣裳，和全家的老老少少一起来到了集上。再过几天，就是大年三十了，一家人过年时吃的、穿的、用的，以及送给亲戚的年礼、自家贴的年画春联、孩子们放的鞭炮等一应年货，都要在这个集上买。其实，这些东西在本村或附近的商店里都有，但那里缺少逛大集、买年货的味道。过年了，他们图的不只是方便，而是乡亲们聚在一起的热闹与喜庆。而那些来赶年集做买卖的人和说大鼓书的、耍把戏的、唱戏的艺人，以及卖各种熏烧熟食的人，早已摆好了摊子，搭起台子，满面笑容地恭候乡亲们的到来。今天，来买年货的农民虽然都带足了钱，但他们绝不会像城里的阔少那样出手大方地甩票子，也没有那种"顾客就是上帝"的凌人盛气，他们依然像往常一样谦虚而又和善。他们循着货比三家的习惯，仔细地挑选想要买到手的东西，并且很公道地与卖主讲价，直到双方满意为止。放了寒假的孩子们早就眼巴巴地盼着这个大集了，他们或跟着大人，或结伙成群地跑到集上，把卖鞭炮和耍把戏的摊子围得水泄不通。这时候，在集市的另一端，由几个村凑钱请的戏班子已经开场……

人们来赶年集，不仅仅是为了买年货、看热闹，他们更希望在这里遇见自己的亲戚、熟人或回家过年的同学、朋友。趁着这难得的机会，他们要叙叙旧，拉拉家常，互相问一问来年过日子的打算，打听打听有什么挣钱的门路。而相会在集上的老姊妹们，则少不了东家长西家短、儿子长媳妇短地絮叨一番。平时，在家里有些想不开的事情，此时只要几句宽心的话，也许就会烟消云散。

农民社交宝典

今天的大集,还是青年男女相亲的地方,西岭的李家和北峪的赵家经人介绍了一门亲事,相约在年集上见面。他们在家里人的陪伴下,按照媒人的指点,忙忙地在人群里寻找着对方。一旦认准了,便盯紧了看,对方的个头、相貌、肤色甚至人品,都将被一眼看穿。这门亲事成与不成,往往取决于这次短暂的见面。相不中的,算是没有缘分,回去就会告吹;相中了的,自然喜上眉梢,甜在心头。从此,这个年集将成为他俩一生的忆念。

晌午时分,大集上的热闹气氛达到了高潮,鞭炮声、锣鼓声、叫卖声、欢笑声此起彼伏,一种乡村里少有的很浓的亲情和年味弥漫在集市上。

乡村的集市与百姓的日子贴着骨、连着肉,谁也别想把他们分开。而丢失了集市的城市,再也别想把它找回来,就像找不回过去的淳朴与宁静一样。

2. 集市买卖礼仪攻略

买卖礼仪,是双方的礼仪。双方都要讲规矩、尊习俗、重人意。集市上有句俗语叫作"买卖不成仁义在"。以仁义的道德标准来自觉规范我们在集市的买卖行为,这正是城里人留恋乡村集市上"亲情、淳朴、宁静、祥和"的根本缘由。

(1)买方的礼仪。一是不要胡乱杀价。胡乱杀价在集市交易中被认为不礼貌。农村集市不同于城市的大商场,他们不习惯把价标得很高,而是根据市场当天的行市,定在合理的价格档位上,对感兴趣的东西,你可以问一下价格,乡里乡亲都面熟,一般不会讨价还价,合适就买,不合适就笑一笑,打过招呼后走人。二是不能把卖方的货物翻来覆去,然后以东西不好为理由,拍屁股走人,那可是极不礼貌的行为。北方有些地区,尤其是北方游牧民族的习俗是,买方开口问价就表示你对货物基本满意,接下来就是讨价还价,卖方会适当降一点价,不再降价时,买方就得买走。否则,就算买方失礼,卖方有可能用武力讨回公道。因此,在北方行走时,向陌生人买东西不要轻易问价,这既是原则,也是礼节。

(2)卖方的礼仪。一是要给足秤。时下集市上也有工商管理部门摆放的公平秤。如果买方感觉不足秤,就会在公平秤上量一量。这时,他量的不是你卖给他的东西,而是你的诚心。诚心不足,他不过来找你补秤,你就永远失去了一个顾客兼朋友。因此,乡下人在集市上卖东西,大多会把秤杆翘得高高的。二是要笑脸相迎。本乡人有相互认识的,微笑着相互打个招呼;外乡人来本乡做生意,更是"满面笑容地恭候乡亲们的到来"。他们深深地懂得,和气是福,和气生财。因此,发自内心的、甜甜的微笑,既是礼节,也是生意兴隆的法宝。

第三章 村民活动礼仪

■ **实用妙招**

在集市做生意应笑得自然

微笑不仅是一种礼节,也是做好生意的一种基本功。或者说,笑既是一种艺术,更是一种生活。但是,在做生意的过程中,笑得甜,不如笑得自然。因为用自然的微笑打招呼,更容易被顾客接受。想做到微笑自然,最好具备以下三个要素:

一是见到向你走来的陌生人,能发自内心地高兴。想象他可能成为你的长期顾客,能给你带来生意,你就能从心底高兴起来。

二是真诚地对待每一个见面的人,即使他只是看一看,不买东西。只有真诚的心才会露出自然的微笑。真诚也包括你的货真,否则,人家会感觉你的微笑"狡诈",不敢买你的东西。

三是懂得微笑的真义。微笑像一杯热茶,滋润我们干涸的心田;微笑似一缕阳光,一瞬间的温暖也能突破冬天的隔膜;微笑更是一种态度:爱生命,爱生活,爱自己!你的笑容就是你好意的信使,你的笑容能照亮所有看到它的人。

四、表彰会上竞风采

表彰会,是党和政府机关、企事业单位、社会团体等部门对落实各项工作和开展各项活动的总结性大会,目的是总结经验、鼓励先进、激励后进。乡村的表彰大会虽然不比大公司的隆重,但也有它的乡土特色和文化内涵,更有它的会议礼节和礼仪规范。沉稳、朴实、善良的乡村农民既需要物质生活的改善,也需要精神文化的鼓励。2009年6月,湖南省社会科学院工会在表彰会上给一位农民颁发了优秀农民工证书。受奖励的刘师傅说:"戴上大红花的感觉真好,做梦都香。"

1. 入会场的礼仪事项

表彰会是一个既严肃又活泼的场面。因此,参会人员在礼仪礼节上也要注意两个方面。一方面,要庄重对待开会的内容。例如,有次序地进入表彰会现场,坐姿端正,保持安静,将手机状态调为震动或关机。在表彰会场,做到不吃零食、不扔垃圾、不随便讲话,养成良好的文明礼貌习惯。另一方面,要热情对待参加会议的人,尤其是获得表彰的人。当领导宣读完表彰决定后,要热烈鼓掌,当先进人物上台时,在披红戴花时刻,台下观众应热烈鼓掌,以表示对先进人物的尊重。

2. 先进代表发言及其礼仪事项

开表彰会,一般会安排先进代表发言,交流先进事迹和工作经验。发言者一般都会保持谦虚谨慎的演讲礼仪风范。与演讲对着装的要求不同,表彰会着装一定要喜庆一些。也就是说,除了婚纱,女先进代表可在所有喜庆的衣服中挑一件最合适的,男先进代表甚至可以穿上结婚礼服。演讲时,兴奋和高兴的心情不要过于流露在脸上,不要高兴得手舞足蹈,而要表现得谦虚。下面是一位先进党员代表、某村组组长的发言样稿。

尊敬的各位领导、各位朋友:

大家好!今天,能在镇上的年度总结表彰大会上发言,是我莫大的荣幸,是领导的关心帮助,是各位乡亲的支持、鼓励,也是党对我的栽培。能被评上脱贫致富能手,对于我来说是一种激励,它激励着我在今后的农业生产中更加努力地去开动脑筋,节约成本,提升品质,更加关心我村组的产业发展,更加重视与父老乡亲们的团结融洽、共同进步,以便发扬莲花村民的团队精神,在开创脱贫致富、共同发展的新局面中做出我的新贡献。

过去的一年,虽然我做出了一点点的成绩,带动村里一些年轻人找到了一点点增加收入的窍门,但实际上离党对我的期望、乡亲对我的要求还远远不够,还存在着这样或那样的毛病和缺点。我所取得的成绩和荣誉也不是我个人所能及的,因为,没有镇领导的关怀、村支两委的指导、乡亲们的帮助,就没有我今天的进步。在此,我深切地向他们鞠躬……

成绩是属于过去的。我所取得的成绩和荣誉也只会成为我继续奋发努力的动力,而不会成为我骄傲或懈怠的任何借口。俗话说:"一分耕耘,一分收获。"得了一点荣耀,可不能就躺在被窝里、乐在自满里,那不是我们纯朴农民的本性。在新的一年里,我要更加努力,同时,也希望领导和乡亲们能多多地帮助我,使我能迈出更大的步子,发挥出最大作用,在乡村建设与发展中做出更大的贡献。

鲁迅先生有句话,我愿意和大家共勉,他是这样鼓励人的:"能做事的做事,能发声的发声,有一分热,发一分光。"就像萤火虫一般,无数个萤火不断聚合,凝成夜空的绚丽,相信我们所有的农民在镇、村两级领导的带领下,一定能聚集出

第三章 村民活动礼仪

更灿烂的光芒！谢谢大家。

实用妙招

怎样写村里的表彰决定

××村关于授予×××、××× 同志"优秀义工"称号的决定

××组×××、××组×××，在义工合作社的活动中，克服困难，不怕艰难，吃苦耐劳，为全村的道路硬化工程做出了重大贡献，是全体村民学习的榜样。为此，经研究决定：授予×××、×××"优秀义工"的称号，并颁发证书。

希望全村党员和群众，向×××、×××同志学习，为建设社会主义新农村而努力工作。

××村村委会
×年×月×日

五、座谈会上显水平

座谈会和访谈会基本上是同一类型的小会议，通常以茶会的方式进行，气氛轻松，也可以备有茶水、点心招待大家。座谈会和访谈会也有一点小小的区别：座谈会是领导或专家将基层人士召集在一起，就某一主题进行交流；访谈会则是领导或专家下到基层去，由基层组织召集人员，就某一主题当面交流。因此，座谈会或访谈会是一种圆桌讨论会议，通常是在一个主持人的引导下对某一主题进行深入讨论。课题小组调研的目的在于了解和理解人们对于某一主题的看法及影响这种看法的背后的原因，并希望参会人员能在轻松愉悦的环境下，针对会议的主题畅所欲言，提出宝贵的意见。

1. 座次的安排

开座谈会，讲究氛围轻松愉悦，无须大型会议的郑重、严格。但为了会议的成功，也要注意座次的安排。召集人可以和大家围坐，不分主宾关系，也不分上下级关系。只需把主要与会人员安排在距主持人较近的位置就好。访谈会讲究面对面交流，以方便双方拉近距离为原则，主持人可以将拜访人员安排在左手边就座，将受访人员安排在右手边就座。当然，也可以适当照顾某些人，将重要人

物安排在显眼的位置就座。

2. 见面的礼节

开会之前,召集人要主持见面仪式。召集人必须认识参会的所有人。否则,就没有召集资格。简短的见面仪式包括介绍礼、握手礼和名片礼。

(1)介绍礼。首先是介绍主持人、拜访领头人、受访领头人,将三人的姓名、身份、名望等向大家作个交代。接着介绍右手边的受访人员,让他们感受到领导和专家对老百姓的关注,以激励他们大胆发言,介绍顺序是先老后幼、先女后男。最后介绍左手边的拜访人员,按职位大小顺序介绍。被介绍的人应当起身示意。

(2)握手礼。为了节省时间,一般不实行全场一一握手的礼节。当介绍受访人员时,拜访人员中职位最高的那一位,起身离开座位,走到受访人员身边一一握手;当介绍拜访人员时,受访人员中地位最高的那一位,起身离开座位,走到拜访人员身边一一握手。

(3)名片礼。在乡村拜访农民群众时,领导和专家为表诚意,会向受访人员递送自己的名片。这时,一定用双手递送,并微笑着问候对方。同时,接名片一方也要用双手接住,看一下或读一下名片内容后,再放到口袋里或提包里。

3. 主持人的开场白

主持人的开场白一般包括问候到会人员、提出会议主题、讲明会议目的和引导他人发言四个小环节。下面是一段在怀化农村调研访谈会上的开场白:

首先,我代表市农委办对唐院长为首的省里专家学者一行来到洪江山区调研表示热烈的欢迎,对新农村建设促进会关心我们山区农村、农业、农民问题表示感谢。我们现在考察的这个村叫"双溪村",它是我们怀化市政府常务副市长的建设扶贫点。今天来参加座谈会的主要是镇政府、村支两委和部分村民代表。请代表们主要谈一谈三年来,镇里、村里农业产业化的发展情况,也可以谈一些其他方面的发展成绩。由于时间关系,所以每人的发言最好控制在10分钟以内。那么,先请村支部书记全面介绍一下基本情况,然后再请各位发言,并和省里专家互动交流……

第三章 村民活动礼仪

■ 实用妙招

座谈会"三要"

第一,发送会议通知要及时。通知主要送给那些能给我们所讨论的问题提出建议性意见或者跟这些问题有利害关系的人。通知应注明开会的时间、地点和目的。

第二,要创造一种平等气氛。参加会议的每个人都有发言和提出见解的权利,不要孤立或冷落某个人或某部分人。会议主持者也不应唯我独尊,把自己孤立起来,更不要把自己的观点强加于人。

第三,要避免出现"冷场"现象。座谈会刚开始时,非常容易出现"冷场"现象。这是因为与会者的思路和注意力还没有完全集中到议题上来。这时主持者应引导大家从稍远处或外围谈起,然后逐步逼近座谈主题。会间可鼓励插话和争论,使与会者知无不言,言无不尽。"点名"发言是在万不得已的情况下采取的办法。

■ 延伸阅读

应该懂得的一些公共场所礼仪

公共场所礼仪体现社会公德。在社会交往中,良好的公共礼仪可以使人际之间的交往更加和谐,使人们的生活环境更加美好。公共场所礼仪的总原则是遵守秩序、仪表整洁、讲究卫生、尊老爱幼。

升国旗礼仪

(1)在升挂国旗时,可举行升旗仪式。在国旗升起的过程中,参加者应面向国旗肃立致敬,行注目礼(非身着制服的戴帽者应脱帽),并可以奏国歌或唱国歌。全日制中学和小学除假期外,每周应举行一次升旗仪式。在升旗仪式举行的过程中,参加者不得交头接耳、忙于他事,或随便走动,不准嬉皮笑脸、怪模怪样。

(2)在升挂国旗时,应将国旗置于显著位置。列队举持国旗和其他旗帜行进时,国旗应处于其他旗帜之前。国旗与其他旗帜一同升挂时,应将国旗置于中心、较高或突出的位置。

(3)悬挂国旗,应以正面面向观众,不准随便将其交叉悬挂、竖挂或反挂,更不得倒挂。需要竖挂国旗或使用其反面时,必须严格按照国家有关规定进行。

(4)在室外升挂国旗,不能让旗角触及地面,更不能将其直接弃置于地面。国旗一般应于早晨升起,傍晚降下。遇上恶劣天气时,可以不挂国旗。夜间通常不在室外升挂国旗,确需升挂,必须将其置于灯光照射范围内。

(5)在直立的旗杆上升降国旗,应当徐徐地升降。升旗时,应将国旗升至杆顶;降旗时,不准使国旗落地。

(6)国旗及其图案至高无上。不得随便升挂、使用国旗,不得用作商标和广告,不得用于私人丧葬活动。

国徽的使用规定礼节

(1)应尊重国徽。必须尊重国徽,不允许滥用、错用国徽,不要对国徽乱作解释。

(2)不允许滥用国徽。在日常工作与生活中,应有意识地保护我国国徽及其图案。在任何情况下,都不允许侮辱我国国徽及其图案。

奏国歌时应注意的细节

(1)在奏国歌时,应起身肃立,目视正前方,姿势端正,神态严肃。

(2)在奏国歌时,不允许坐着,不允许四处走动,更不允许同他人交谈、嬉笑喧哗或者打打闹闹。

(3)在奏国歌时,除按规定穿制服、戴帽者之外,其他人皆应脱下自己的帽子,同时,也不准佩戴太阳镜。

(4)在唱国歌时,应吐字清晰、节奏适当、演唱准确。不允许自由发挥、随口乱唱、含糊不清;不允许怪声怪气、洋腔洋调;不允许有意改变节奏或拖腔;也不能在唱国歌时鼓掌、击节或摇头晃脑、手舞足蹈。

(5)在他国领土上,应当遵守当地对于演奏或演唱国歌的有关规定,切不可肆意而为。

阅览室礼仪

到图书馆、阅览室学习,要衣着整洁,不能穿汗衫和拖鞋入内;进入图书馆应将通讯工具关闭或调成振动,接听手机应悄然走出室外轻声通话;就座时,不要为别人预占位置;阅读时要默读,不能出声或窃窃私语;不能在阅览室内交谈、聊天,更不能大声喧哗;在图书馆、阅览室走路脚步要轻,物品要轻拿轻放,不能发出声响;要爱护图书;有事需要帮助,不能大声呼喊,要走到工作人员身边寻求帮助。

影剧院礼仪

到影剧院观看演出,应提前15分钟左右进场,尽早入座。如果自己的座位在中间,应当有礼貌地向已就座者示意请其让自己通过。通过让座者时要与之正面相对,切勿让自己的臀部正对别人的脸。

观看演出时,不戴帽子,不吃带皮和有声响的食物,不笑语喧哗,不把脚踩在前排的座位上。演出结束后要报以掌声,在演员谢幕前不能提前退席,应在演出结束亮灯后再有秩序地离开。

商场礼仪

在商场购物时不要大声喧哗,自觉维护公共卫生,爱护公共设施。对男女营业员可统称为"同志",不要以"喂"代替。在自选商场购物时,要爱护商品,对挑选过的商品如果不中意,应物归原处。采购完毕离开柜台时,应对营业员的优质服务表示谢意。

旅游观光礼仪

旅游时要自觉遵守公共秩序,按顺序购票入馆、入园,不拥挤、堵塞道路和出入口。要树立环保意识,自觉保持环境卫生,遵守铁路、民航规定,不携带危险品、违禁物品乘机或乘船。

(1)行路。行路靠右侧,走人行道。横穿马路时,应注意交通信号,等绿灯亮时,从人行横道的斑马线上穿过。行人之间要互相礼让,不要闯红灯,不要翻越马路上的隔离栏。行路时不吃零食,不吸烟,不勾肩搭背,不乱扔杂物,不随地吐痰。

(2)住宿。旅客在办理住宿登记手续时,应耐心地回答服务台工作人员的询问,按旅馆的规章制度办理登记手续。旅客住进客房后要讲究卫生,爱护房内设备。当旅馆服务员进房间送开水、做清洁服务时,旅客应待之以礼。旅客离开旅馆前,应保持客房内整洁、物品完整,不做损人利己之事;要及时到服务台结账,并同旅馆工作人员礼貌话别。

(3)进餐。尊重服务员的劳动,对服务员谦和有礼。当服务员忙不过来时,应耐心等待,不可敲击桌碗或喊叫。对于服务员工作上的失误,要善意提出,不可冷言冷语,加以讽刺。

乘飞机礼仪

(1)按时登机,对号入座,进入机舱后保持安静。

(2)不将超大行李和有异味的物品带上飞机,尽快放好随身行李,保持通道畅通。

(3)登机后主动关闭手机等无线电设备。

(4)不乱动飞机上的安全用品及设施。需要找乘务员时,可按服务铃,不宜大声喊叫,接受乘务员服务应致谢。

(5)在飞机上进餐时,主动将座椅椅背调至正常位置,以免影响后排乘客进餐。

(6)保持舱内卫生清洁,因晕机而致呕吐时,应使用机上专用呕吐袋;飞行过程中,尽量不要脱下鞋子,以免异味影响他人。如果是长途飞行,脱下鞋后应在脚上罩上护袜。

(7)机上读物阅读完后应整齐放入面前插袋。

(8)飞机未停稳时不要打开行李舱取行李,以免行李摔落伤人。

(9)上下飞机时,对空中乘务员的迎送有所回应。

行走礼仪

(1)按照交通指示灯和标志、标线行走。

(2)应请年长者、妇女和未成年人走在离机动车道较远的内侧。

(3)多人并行应主动避让他人。

排队礼仪

(1)先来后到,依次排列,不应插队。

(2)保持间距,尤其在金融窗口、取款机等涉及个人隐私的场合,前后间距应适当增大。

(3)凡标有"一米线"的地方,窗口有顾客,后面的人在"一米线"后依次排队。

吸烟礼仪

(1)不要在禁止吸烟区吸烟。

(2)不要在妇女和儿童面前吸烟。

(3)不要把烟雾喷向别人。

(4)不乱弹烟灰、乱扔烟头烟盒,烟头应完全熄灭后再放到指定的地方。

鲜花赠送礼仪

婚庆适宜选择花色艳丽、芳香或者富有寓意的种类,牡丹花、梅花都有团结和睦、永久相爱的含义。

为朋友祝福生日应选用石榴花、象牙花、月季花等,这些花含有火红年华、前程似锦的祝愿。

看望长辈宜用兰花、万年青或君子兰等。

看望病人则宜选择兰花、月季花、金橘等,忌送夜来香等香气过浓的花卉。

朋友迁入新居,可从兰花、文竹、米兰、君子兰或榆、竹盆景等长久性花木中选择;如果他们不能每天回家,则可选择较为耐旱的多浆植物,如仙人掌、蟹爪兰、莲花掌、燕子掌等。

表示惋惜、怀念或祭祀的用花,宜选用淡雅的月季花、栀子花、鸡蛋花、马蹄莲等。

病人探视礼仪

当亲友、同事、同学患病时,前往探望、慰问是人之常情,也是一种礼节。探望病人时,应选择适当时机,尽量避开病人休息和医疗时间。由于病人的饮食和睡眠比常人更为重要,所以不宜在早晨、中午、深夜以及病人吃饭或休息时间前往探视。如果是探望住院的病人,还应在医院规定的时间内前往。若病人正在休息,应不予打扰,可稍候或留言相告。

言行应得当。由于特殊的心理状态,所以人在患病期间都相当的敏感。与病人谈话时,一般应先询问病人身体状况及治疗效果。在病人讲述病情时,要认真地听,不要心不在焉、左顾右盼。在谈话的内容上,针对病人的焦虑心态要多说一些轻松、宽慰的话,或释疑开导,或规劝安慰,以利于病人恢复平和、稳定的心境。不要向病人介绍道听途说的偏方、秘方,不推荐未经临床实验的药物。要多说一些关心、鼓励的话,让病人感到愉快,淡化病痛带来的苦恼,以增强病人战胜疾病的信心。如病人的病情需要保密,不要和病人一起去乱猜;已知道应保密的病情,更不能对病人进行暗示。

为照顾病人休息,谈话和逗留的时间应较短,注意避免谈论可能刺激对方或有忌讳的话题。告别时,一般应谢绝病人送行,并询问病人是否有事相托,祝他(她)早日恢复健康。

按照日常的习惯,探望病人一般会带去一些礼品,可适当赠送鲜花、水果及有利于病人健康的食品。

拍照礼仪

国内合影时的排位,一般讲究居前为上、居中为上和以左为上。在涉外场合合影时,应遵守国际惯例,讲究以右为尊,即主人居中、主宾居右,其他双方人员按主左宾右依次排开。

合影参与人员的着装要求是正统、端庄、规范。拍照时的基本表情应当和蔼、亲切、友善。还要注意:举止必须彬彬有礼,特别讲究"站有站相、坐有坐相"。

合影之后,主办方应主动向参与合影的各方人士提供照片,并保证人手一张。公务合影照片只宜作为资料或纪念,一般不宜用于商务活动,更不能在没有征求拍照参与者同意的情况下就随便发表。

第四章
家庭成员相处礼仪

俗话说"家和万事兴"。家庭和睦是事业发展、人丁兴旺的前提和基础。有人说家是社会的最小细胞,也有人说家是风雨相依的两人世界。现代社会的城市生活,物质越来越丰富,人的思想越来越复杂,家也承受着越来越多的考验。有一些大款生活作风不正派,遭到家人疏远后,就自嘲地说:"我穷得只剩下钱了!"朴实的乡村百姓就会发问:"好好的家没了,房子和钱有什么意义?"家是感情的港湾,家是灵魂的栖息地,家是精神的乐园。说白了,家就是自己和家人在一起的情感的全部,而房屋等物质可统称为"庭"。庭只是家的微不足道的补充。

一、简单家庭要处理繁杂关系

家庭是简单的,就是几个人加上房子;家庭又是复杂的,因为几个人在同一个屋檐下幸福生活,不仅要学会相互谦让、和谐共处,还要同周边的许多家庭处理好关系。而处理关系却是一件不简单的事情,尤其是中国的宗族——由很多家庭组建起来的具有血缘关系的社会组织,其血缘关系复杂,包括堂爷爷、表爷爷,堂叔叔、堂伯伯、表叔叔、表伯伯,堂兄弟姐妹、表兄弟姐妹,表亲中又分姑表、姨表、老表等。仅各种各样的称呼,就足够人琢磨一段时间。

1. 家庭的范围

有一位富翁醉倒在自己的别墅外面,他的保安扶起他说:"先生,让我扶你回家吧!"富翁反问保安:"家?我的家在哪里?你能扶我回得了家吗?"保安大惑不解,指着不远处的别墅说:"那不是你的家么?"富翁指了指自己的心口,又指了指不远处的那栋豪华别墅,一本正经地断断续续地回答说:"那,那不是我的家,那只是我的房屋。"可见,连醉酒的人都知道家与庭的区别。

家和庭,连在一起说出来的时候,就是指家里的人。拜年时说"祝你家庭幸福",就是祝愿全家人幸福。这里的"家庭"就是"全家人"。全家人又包括哪些人呢?你向西方国家的人打招呼说"家人还好么?"他很清楚,你在问他两口子和他们的孩子好不好。如果外国人问中国留学生:"家人还好么?"留学生回答:"不太好,我爷爷生病了!"外国人会很不解地说:"爷爷只是家里的亲戚呀,怎么成了你家里人呢?"留学生就会告诉他,长期住在一栋房子里的亲人就是家庭成员,长期在一起共灶台吃饭的就是全家人。按中国传统,有不少家庭是三代人生活在一起,少数还是四代同堂的家庭。现在,中国农村家庭的范围可大可小,小的家庭二代三四人,大的家庭三代十几人。

2. 宗族

宗族也叫"家族"或者"族"。在中国,宗族只限于父系这边的亲属集团,包括同一血统的男性组成的很多家庭,很多辈人居住在同一个村子。由于是父系单系组成宗族,故母系的舅舅、嫁出去的姑姑及姐姐都不在宗族范围。只有没嫁出去的亲妹妹、堂妹妹才是同族人。宗族里最有权力的人可能不是你的祖父,而是家族长老,又叫"宗子"。家族长老掌握宗族的公共事务大权,如修族谱、建宗族祠堂、管理宗族共同财产、决定宗族公共财产的分配方案等。宗族的人际关系分主线关系和支线关系。一条主线是按父子相承的继嗣原则,形成上下直系关系。例如,曾祖父-祖父-父亲-我-儿子-孙子。多条支线是按与主线的血缘关系远近排列的,形成旁系关系。例如,祖父-大伯-堂兄-侄儿,或祖父-小叔叔-堂弟等。

3. 九族、近亲

九族就是宗族里的九代。按照《三字经》的说法,宗族九代包括"高祖、曾祖、祖父、父亲、已身、子、孙、曾孙、玄孙"。传统的宗族亲戚关系分远亲和近亲。远亲一般是指"九族"之内、"五服"之外的亲戚。近亲一般是指"五服"之内的亲戚。"五服"就是指从共同的祖先算起,到两人辈分不超过五代,或者说共一个高祖父算是远亲,共一个曾祖父算是近亲,共一个爷爷算是至亲,共一个爸爸就是同胞。

■ 实用妙招

为什么不能近亲结婚？

每个正常人身上携带有几个甚至十几个有害的隐性等位基因，近亲通婚会使得这些隐性等位基因有更多的相遇机会，并且产生遗传上的异常而使人发病。人类的核基因组一半来自父亲，一半来自母亲，在近亲通婚的情况下，两个有相同问题的基因结合到一起的机会远远大于非近亲通婚的人。近亲婚配增加了某些常染色体隐性遗传疾病的发生风险。因此，《中华人民共和国婚姻法》明确规定，直系血亲和三代以内的旁系血亲禁止结婚。

近亲通婚的风险到底有多大？让我们从以下婚配模式来计算：如果在一级表亲和二级表亲之间有通婚，则近亲指数就是 $1/32=0.03125$，其他类型依此类推。假设一种遗传病在人群中的比例是 $1/1000$，则：

非近亲通婚的后代患病风险为 $1/500 \times 1/500 \times 1/4 = 1/1000000$

二级表亲通婚后代患病风险为 $1/500 \times 1/64 \times 1/4 = 1/128000$

一级表亲通婚后代患病风险为 $1/500 \times 1/16 \times 1/4 = 1/32000$

兄妹通婚的后代患病风险为 $1/500 \times 1/4 \times 1/4 = 1/8000$

与非近亲结婚相比，二级表亲通婚后代患遗传病的风险增大 7.8 倍；一级表亲通婚后代患遗传病的风险增大 31 倍；兄妹通婚后代患遗传病的风险则是正常随机婚配的 125 倍。

二、尊老爱幼百善孝为先

孝，是中华文化传统的根基，是稳定家庭伦理关系的根本。因为没有孝，没有根本，就没有人类传承。为人子女当孝，为人父母当慈。父母养子女叫作"养"，子女养父母也叫作"养"。前者抚养成人，后者赡养终老，这是天经地义的事情。不孝敬父母的行为叫"忤逆"，不孝敬父母的人被称为"忤逆之子"。没有爱心和责任的人，注定没有朋友，没有家庭，没有幸福。

故事再现

妈妈不要丢下我

媳妇说:"煮淡一点你就嫌没有味道,现在煮咸一点你就说咽不下,你究竟想怎么样?"母亲一见儿子回来,二话不说便把饭菜往嘴里送。儿子试了一口,马上吐出,说:"我不是说过了吗,妈有病不能吃太咸!""那好!妈是你的,以后由你来煮!"媳妇怒气冲冲地回房。

儿子无奈地轻叹一声,然后对母亲说:"妈,别吃了,我去煮个面给你。"

"仔,你是不是有话想跟妈说,是就说好了,别憋在心里!"

"妈,公司下个月升我职,我会很忙,至于老婆,她说很想出来工作,所以……"

母亲马上意识到儿子的意思:"仔,不要送妈去养老院。"声音似乎在哀求。

由于媳妇以婚姻相要挟,所以儿子还是把母亲送到养老院。他知道母亲喜欢光亮,所以为她选了一间阳光充足的房间。从窗口望出去,树阴下,一片芳草如茵。几名护士推着坐在轮椅的老者在夕阳下散步,四周悄然寂静得令人心酸。

"妈,我……我要走了!"母亲只能点头。

他回到家,妻子与岳母正疯狂地把母亲房里的一切扔个不亦乐乎。

"够了,别再扔了!"儿子怒吼道。

"你这算什么态度?对我妈这么大声,我要你向我妈道歉!"

"我娶你就要爱你的母亲,为什么你嫁给我就不能爱我的母亲?"

他霍然记起一则儿时旧事。那年他才6岁,母亲有事回乡,不便携他同行,于是把他寄住在阿财叔家几天。母亲临走时,他惊恐地抱着母亲的腿不肯放,伤心大声号哭道:"妈妈不要丢下我!妈妈不要走!"最终母亲没有丢下他。

雨后的黑夜分外冷寂,街道萧瑟,行人、车辆格外稀少。一辆宝马在路上飞驰,一路奔往山冈上的那间老人院。停车后,儿子直奔上楼,推开母亲卧房的门。她见到儿子手中正拿着风湿油,显然感到安慰地说:"妈忘了带,幸好你拿来!"他走到母亲身边,跪了下来。

"很晚了,妈自己擦就可以了,你明天还要上班,回去吧!"

他吞吞吐吐,终于忍不住泣道:"妈,对不起,请原谅我!我们回家去吧!"

第四章 家庭成员相处礼仪

■ 故事分析

尽孝是每个人的责任

每一个人都要对长辈尽孝,这是报答养育之恩的千古铁律。百事孝为先,一个不知道尽孝的人,肯定也是一个没有感恩之心的人。母亲是平凡的,她会重复千百次为儿女洗衣做饭。母亲是伟大的,她的爱最崇高,她的心最无私。赡养父母,只是举手之劳,孝敬父母不只是回报。给老父母一个温暖的家,就像父母当初给儿女一个温馨的家一样,既是责任、道德,更是天地良心。现在,你如何对待你的父母,以后你的子女就如何对待你。朋友,人世间最难报的就是父母恩,愿我们都能以反哺之心奉敬父母,以感恩之心孝顺父母!

■ 实用妙招

百孝经

天地重孝孝当先	一个孝字全家安	孝顺能生孝顺子	孝顺子弟必明贤
孝是人道第一步	孝子谢世即为仙	自古忠臣多孝子	君选贤臣举孝廉
尽心竭力孝父母	孝道不独讲吃穿	孝道贵在心中孝	孝亲亲责莫回言
惜乎人间不识孝	回心复孝天理还	诸事不顺因不孝	怎知孝能感动天
孝道贵顺无他妙	孝顺不分女共男	福禄皆由孝字得	天将孝子另眼观
人人都可孝父母	孝敬父母如敬天	孝子口里有孝语	孝妇面上带孝颜
公婆上边能尽孝	又落孝来又落贤	女得淑名先学孝	三从四德孝在前
孝在乡党人钦敬	孝在家中大小欢	孝子逢人就劝孝	孝化风俗人品端
生前孝子声价贵	死后孝子万古传	处世唯有孝力大	孝能感动地和天
孝经孝文把孝劝	孝父孝母孝祖先	父母生子原为孝	能孝就是好儿男
为人能把父母孝	下辈孝子照样还	堂上父母不知孝	不孝受穷莫怨天
孝子面带太和相	入孝出悌自然安	亲在应孝不知孝	亲死知孝后悔难
孝在心孝不在貌	孝贵实行不在言	孝子齐家全家乐	孝子治国万民安
五谷丰登皆因孝	一孝即是太平年	能孝不在贫和富	善体亲心是孝男
兄弟和睦即为孝	忍让二字把孝全	孝从难处见真孝	笑容满面承亲颜

77

父母双全正宜孝	孝思孤寡亲影单	赶紧孝来光阴快	亲由我孝寿由天
生前为孝方为孝	死后尽孝徒枉然	孝顺传家孝是宝	孝顺温和孝味甘
羔羊跪乳尚知孝	乌鸦反哺孝亲颜	为人若是不知孝	不如禽兽实可怜
百行万善孝为首	当知孝字是根源	念佛行善也是孝	孝仗佛力超九天
大哉孝乎大哉孝	孝矣无穷孝无边	此篇句句不离孝	离孝人伦真倒颠
念得十遍千个孝	念得百遍万孝全	千遍万遍常常念	消灾免难百孝篇

三、夫妻相处以礼相待

男女能成夫妻,据说是一种修来的缘分。千年修得同船渡,万年修得共枕眠。过去,婚姻由父母包办,结果出现很多先结婚后恋爱的、没有感情的家庭组合。现在,年轻人或自由恋爱,或通过熟人介绍认识,都是先恋爱后结婚,感情基础大大改善。然而,现在有感情基础的夫妻,过于看重感情,有感情就过,没感情就离,结果离婚率很高。夫妻间感情和责任的平衡,是现代年轻人必须认识和掌握的尺度。

故事再现

两口子吵架不记仇

桥南周冲村第二村民组村民朱某和周某,夫妻俩都在民营企业上班,女儿已上初中。结婚十多年,小两口一直恩恩爱爱,勤劳致富,勤俭持家,小日子过得红红火火。一天,丈夫朱某的大姐来周冲村二组看望父亲,正巧朱某到其姐姐家看望姐姐,途中俩人走岔了。晚上朱某回家责问妻子:"我姐姐来看我父亲,你打麻将,不搭理她,叫我以后怎么做人?从今往后,不准打麻将。"妻子生气地说:"真是冤枉,我没有打麻将,你姐姐来我确实不知道。"两人随后发生争吵,朱某动手打了妻子。周某无法接受她所深爱的丈夫动手打她这一事实,提出要和朱某离婚,将房子开个侧门,单独生活。

村调解主任了解情况后,立即赶到朱某的家中,首先对朱某误解妻子还动手打人的行为进行严厉的批评:"你一定要认识到自己的行为是错误的,当面向妻子道歉,并保证今后不再发生类似事件。作为丈夫、男同志,应宽以待人、孝敬长辈,亲戚礼尚往来是对的,不要胡乱猜疑,更不能动手打老婆。"紧接着,调解主任找来周某,语重心长地劝道:"作为妻子,应加强与丈夫的沟通,相互理解,业余时间少打麻将,更不能为一点小事闹离婚。夫妻两人要相互尊重、相互关爱。一日夫妻百日恩,百日夫妻似海深。何况子女都上初中了,美好家庭来之不易,要珍惜,幸福的生活要靠双方共同努力。"经他一番苦口婆心的劝解,朱某与周某两口子破涕为笑,和好如初。

故事分析

夫妻打架无隔夜之仇

什么是感情?感是思维感觉,情是依托和依赖。思想的相互依赖就是感情。有些感情是与生俱来的,如父母对孩子的感情;有些感情是后天发展的,如战友情、手足情、爱国情、夫妻情等。夫妻感情重在相互尊重,你敬我一尺,我敬你一丈,反复往来,感情越来越深。相反,你不尊重对方,又不及时纠正,对方的感情再深,也会放弃尊重你,感情由此转向淡漠。浪漫的人说,和谐的爱情生活才是感情的基础;事业心重的人说,共同的事业才是感情的基础,他们没说错,尽管那是少数现象,也是短期现象。多数农村家庭,夫妻感情是靠相互尊重、相敬如宾来维护的。动手和爆粗口是最伤感情的行为,切记不可为。夫妻只有互敬,才会互爱。

实用妙招

夫妻和谐相处的七大秘密

(1)适当赞美他(她)。多赞美对方的优点,鼓励他(她)的自信心。把他(她)当作一个值得赞赏的对象,告诉他(她)你对他(她)身上的某个特点非常着迷,让对方觉得你在意他(她),有信心和你生活在一起。

(2)心底有话好好说。每个人都不可能在你的心里装上窃听器,随时破译你的心声。因此,心底有话要好好说,不能让对方无限地去猜想你的心思,让对方生活得很累。稳固深切的爱情需要以没有障碍的沟通作为基础,需要什么、苦恼什么、希望对方说什么或做什么,都是直接说出来为好。

(3)无视对方无伤大雅的癖好。夫妻或情侣长期生活在一起后,属于个人的习惯和癖好都会展现在彼此面前,无论他多么让你心神荡漾,共同生活才是考验你的耐心和包容心的一个开端。他可能每天早上都一边吹口哨一边打领带准备上班,也可能永远把用过的浴巾扔在地板上。无伤大雅的小癖好,明智的人应该选择无视。你很快会发现对这些小事情睁一只眼闭一只眼,对你们的关系绝对是利大于弊。

(4)每天至少联系一次。现在通讯很方便,不要因为忙、累而忽视对方。如果每天下午你都会收到伴侣的一个短信,你会不会感觉很幸福?哪怕只是寥寥的几个字。发个短信不是多余,这是你们之间感情的纽带,表达了"尽管我们不能见面,但是我们的心永远在一起"的思念。

(5)快乐可以自己创造。在两个人的世界里,可以制造点幽默自得其乐。真正快乐的伴侣珍惜两个人相处的每一个平凡时刻,他们在一起互相开点无伤大雅的玩笑,制造出一种其乐无穷的氛围。一对有默契的情侣可以几个小时坐在沙发上各看各的书,或者聊他们的白日梦,甚至坐在一起沉默地思考,并不需要制造话题,也不需要什么背景音乐,因为对他们来说,能彼此相伴就已经足够了。

(6)开展批评和自我批评。夫妻间相处久了,总会有矛盾发生,两个人不能让矛盾持续太久,要定期开展批评和自我批评,把矛盾定期"删除"。夫妻间开诚布公地进行批评和自我批评,可以消除芥蒂,消除误会,增进理解,保持家庭的和睦和爱情的持久。

(7)尊重对方永远不会错。不能对对方居高临下、颐指气使,要尊重对方。哪怕对方错了,也不能抓住不放,对自己的伴侣轻蔑或讥讽。有的时候你的伴侣可能确实表现得愚蠢,那么不妨换个立场考虑,如果你遭到对方的抢白或嘲笑,你必然感觉受到了伤害,这种力量作用到对方身上,他受到的打击是相同的。你应该学会克制,维护对方的自尊对你们的关系很重要。

延伸阅读

幸福日子在于责任

什么是幸福?一千个人或有一千种答案:猫吃鱼,狗吃肉,睡觉睡到自然醒……这些都可能是某种幸福。但是,一对夫妻如果缺少对彼此的责任、对家庭的责任,幸福的日子就不会长久。例如,一个男人,一旦沾上胡吃海喝、嫖赌逍遥的坏习惯,家里有座金山也会很快被掏空,幸福的日子很快走到尽头。夫妻在过家庭生活时,要承担什么样的责任呢?一是要彼此忠诚。忠诚是夫妻间最基本的责任。相互忠诚,才会相互信任,相互信任才会心往一处想、劲往一处使。二是要对家庭和社会负责。你所做的每一件大事,事先都要仔细考虑后果;所做的每一件小事,事先都要看看对整个家庭有什么益处,对周围乡亲有没有损害。只有对家庭有益且对社会无害的事才能做。

  一个普通的农村家庭,一旦有了孩子,家庭负担会越来越重。随着老人年纪越来越大,孩子的抚养费用越来越高,夫妻的压力可能越来越大。这个时候,如果把家庭责任看作负担,你就会感到痛苦和难过;如果把家庭责任看作你的事业,努力追求并承诺让全家人过上更好的日子,你就会感到家人对你满怀希望和信任带来的幸福。因此,幸福在你让全家人过上好日子的承诺中,幸福在你要兑现承诺的责任里。兑现了承诺,你就成为真正有价值的人,感受到人格的满足,既是快乐,也是幸福。

四、妯娌和谐贴心沟通

  如果一家有两个儿子,两儿媳就互为妯娌。在中国人的传统观念里,妯娌之间的关系和婆媳之间的关系一样难处。有个这样的故事:妯娌俩去庙里求签,看她俩同去赶考的丈夫是否高中。大的求了张"你可凉凉去",小的求了张"我也凉凉去",两人都不懂是什么意思。酷暑天气,她俩在屋里挥汗如雨地做饼,忽然一群人吹吹打打上门报喜,说大公子考中了。婆婆就叫大媳妇:"你可凉凉去!"大媳妇就到旁边休息乘凉去了。二媳妇一个人接着干活,气得眼泪在眼眶里打转。不一会儿,又有吹吹打打的人上门,报告二公子也考中了。二媳妇就把擀面杖一扔,说:"我也凉凉去!"本来是不相干的两个女孩子,因为嫁了兄弟俩而在一个屋檐下过活,朝夕相对,服侍婆婆,做家务活,心里难免要嘀嘀咕咕。妯娌因琐碎家务而日复一日地计较着相处,的确容易产生这样或那样的矛盾。产生矛盾就要及时化解,以免积怨成仇。

故事再现

平时多沟通

　　高桥镇乔理村有一对妯娌相处多年,互帮互助成佳话。某黄姓家庭有四兄弟,因家境贫寒,老二、老三外出到海南讨生活,在一家种子公司的田里干农活。其中,老三娶了个海南媳妇,一同住在岳父家,生活过得不习惯,多次打电话跟四弟说,很想回老家。老四娶的衡阳媳妇很能干,先是在长沙市某幼儿园做幼师,积攒了几万元,买下村里小学的旧教室并盖了新楼房。衡阳媳妇很乖巧,知道了丈夫的心思,就主动说:"我们有新房子住了,就把老房子让给三哥,帮三哥圆了回家梦。"老四心里暗喜,嘴里则说:"村里田地都分完了,三十年不变。没有地,三哥一家四口回来喝西北风啊?"衡阳媳妇说:"我们利用五间教室办个养猪场,我们那份地也给了三哥,不就解决了。"

　　三哥带着海南媳妇和孩子们高兴地回到长沙县老家。海南媳妇很勤劳,种地、养猪样样能干,就是缺少场地。一天,海南媳妇担着一些菜送给衡阳媳妇,拉家常中,向衡阳媳妇透露很想养猪的心思。衡阳媳妇爽快地说:"我家还有一间教室空着,三嫂你就买些猪仔放到里面养着。"海南媳妇激动地说:"住了你家的房子,占了你家的地,已经过意不去了。要不,我来帮你养猪,以报答你的善良相助!""一家人不说两家话,三嫂你很懂选猪崽,明天就和我一起去市场,顺便也帮我挑选猪崽。"

　　就这样,两个外地嫁过来的媳妇在一起,合伙办起了养猪场。衡阳媳妇的猪场大,忙不过来时,每次都是海南媳妇主动帮忙打理,一来二去,建立了姊妹感情。不到5年,海南媳妇也积攒了建新房的钱,盖了新房,妯娌俩都买了小车,日子过得比城里人还快活。

故事分析

妯娌关系要贴心

　　妯娌关系有的能处理好,有的处理不好,为什么?妯娌俩都属于开朗、不计较的性格,就容易沟通,友好相处;只要有一方斤斤计较,平时又缺乏交流和沟

第四章 家庭成员相处礼仪

通,遇到不公平、不高兴的小事情,当面不说,藏在心里,日积月累,小问题就蓄积成了大矛盾。因此,还是要早沟通、多交流,平时有空拉拉家常,都把心里的小事提前说出来,求得对方谅解,达成相互理解。处理好小问题,就能避免大矛盾。

妯娌俩相处不是件容易的事。看看"妯娌"这两个字,同是女字旁,右边框架的组成部分也相似,但一个朝上,一个朝下,彼此好像是对着干的。在农村,妯娌相邻而居,低头不见抬头见。相处好的也不少。因为她们懂得相处好会对大家庭和小家庭都有利。妯娌闹矛盾,风声传开,会让周围邻居看笑话,让公婆不好做人,让外人利用矛盾挑拨离间,损害家庭的和气、财气和福气。这样的蠢事,聪明的妯娌才不干。

上面这个案例中,衡阳媳妇善良又大方,海南媳妇勤劳又巧舌,他们从相互合作中找到了共同语言,又在共同致富的目标上建立了稳定和谐的妯娌关系。"妯娌养猪场"成为当地处理家庭人际关系的样板。

■ 实用妙招

如何与妯娌相处

第一,学会理解,友好相待。住在城市的妯娌主要是周末回婆家聚餐要见面。你不喜欢一个人,又不得不见面,唯一的办法就是理解和包容,以礼相待,见面还得微笑打招呼。作为一家人,最好能细心地观察妯娌的优点和长处,以夸奖的形式展开沟通,建立友好关系,不要总是看到她的缺点,更不要给她脸色看。

第二,适当分开,减少见面。如果妯娌住在一起,实在是合不来,你大可以搬出去住,不经常见面就能减少矛盾。如暂时和丈夫住到娘家,等有实力再买房。上海女作家苏青说,小家庭最好是跟岳父母同居,因为岳母和女婿一定会相处得很好。这提议的确非常合理,合乎人性。就算姊妹几个的丈夫同时入赘,他们也不太可能会因同时拿着擀面杖在厨房做饼而有"我也凉凉去"的不满。假如妯娌们能贤惠到一起拿着擀面杖在厨房做饼,那就一定不是小肚鸡肠难相处的人。

■ 延伸阅读

妯娌和谐是家族和谐的基础

　　妯娌之间关系融洽,家庭和谐,会引起周围邻居的羡慕。妯娌闹矛盾,最难受的就是他们的丈夫。妯娌之间主动化解矛盾,和好如初,最高兴的也是她们的丈夫。我们不要讲过去的女子"三从四德",我们只讲现代的"家庭幸福"。如果家里人因妯娌的吵闹而整天愁眉苦脸,还会有幸福吗?因此,妯娌矛盾如不及时化解,就会影响家庭和谐,影响家庭幸福,实际上也是影响妯娌自己的幸福。学会忍让和宽容,你会觉得海阔天空;学会沟通和寻找共同利益点,你就会体验到家族和睦的幸福感。

五、婆媳关系互让互爱

　　常言道:"家家有本难念的经。"其中一本就叫"婆媳经"。在家庭中,两代人之间的矛盾和冲突,最明显和最常见的,体现在婆媳关系上。婆媳不合,是不少人提起就头疼的事。怎样念好"婆媳经",使得婆媳和睦相处呢?这当然没有"标准答案"。下面的几点建议仅供读者参考。

■ 故事再现

让地盘给婆婆

　　刚刚嫁为人妇时,小华母亲对小华说,结婚后就成了别人家的媳妇,要学会与婆婆和平相处。小华总认为婆婆住在乡下,与她相处的机会不多,也就不会有什么矛盾。然而,结婚后没过多久,小华的老公小李就将婆婆接了过来。刚开始她们倒也能和谐相处,可刚过了2个星期,矛盾就出来了。

　　矛盾的起源总是围绕着"争宠"。小李对小华好一点,小华婆婆就会对小华瞪眼;小李如果给小华买了东西,而没有给婆婆买,婆婆的脸色就会很难看。婆婆认为,她一手将儿子拉扯大,儿子自然要与她最亲,天经地义地也要归她管辖。她如何能够容忍一个刚进门的媳妇夺走自己的地位呢?那一段日子里,婆婆让小李将所有的事情都给她来做。小华给小李洗了内衣,婆婆总是横挑鼻子竖挑

第四章 家庭成员相处礼仪

眼,说小华洗得不干净;在饭桌上,如果小华为小李夹了一筷子菜,婆婆肯定会说要注意卫生,各人的筷子各人用,防止交叉感染细菌。有时候,小华悄悄地求丈夫帮忙做一点小事,婆婆也能听到,她总会立刻阴沉着脸把她的儿子唤过去,支开他不为小华做事。

小华和婆婆的关系,直接影响了夫妻感情。小华几次在小李面前告状,小李也知道母亲有时很过分,可是他又总劝小华,说母亲年龄大了,而且以前一直和他这个儿子相依为命,现在增加一个人和她争"地盘",当然心中会有点难过。他让小华多包容一点。小华想想小李说的也是,如果婆媳相处不好,老公夹在中间也不好受,手心手背都是肉呀,让他站在哪一边呢!

小华想开了之后,决定把"地盘"让给婆婆。三个人在一起的时候,小华总是对婆婆随叫随应。如原来小华喜欢炖汤给老公补身体,现在小华对婆婆说:"我们都喜欢喝您炖的山菌汤!"其实婆婆也知道她的炖汤手艺不如小华,几次以后,婆婆竟然主动将这个"地盘"让给了小华,婆婆说还是小华炖的仔排山药汤好喝。而小华有事情需要帮忙了,也不会直接去喊老公了,而是先去婆婆那儿请示一下:"妈,这个水龙头我弄不好,您让他帮我搞一下。""妈,他不听我的,还是您让他少抽两支烟吧。"过了一段时间,婆婆果真变了,每次小华让她喊老公做什么,她总是说:"真是的,你自己喊一下不就得了。"小华有时装作一脸委屈:"可他只听您的话,我哪儿叫得动啊!"婆婆立即露出了笑脸,喊来他的儿子,训斥道:"今后你可要多疼疼她。她是你的媳妇,你不疼,谁帮你疼!"

如今,小华用"计谋"与婆婆相处得很和谐,婆婆也拿小华当作自己的女儿一样看待。

■ 故事分析

大度做儿媳

做媳妇的尊重、关心婆婆,是家庭礼仪的需要,也是实现丈夫孝心的需要。特别是媳妇"执政"的家庭,做媳妇的更要注意尊重、关心婆婆,遇事多和老人商量,尽量做到"经济公开",并定期或不定期地给婆婆一些零用钱。做媳妇的还可以施展小恩小惠,哄婆婆开心。每逢时节或婆婆生日,媳妇要记着给婆婆准备点礼物。平时,媳妇给自己的母亲送吃的、用的,最好同时给婆婆准备一份。当婆婆有点偏心时,只要不过分,就当作没看见。当然,做婆婆的也不要总是在媳妇面前摆架子,要看到媳妇的长处,多尊重媳妇的意见。婆媳和睦的家庭,婆婆会主动让儿子分担家务,会对媳妇嘘寒问暖,会在儿子和媳妇发生口角时站在媳妇立场责备儿子,媳妇自然会从心底尊重这样的婆婆。

实用妙招

婆媳相处的幸福密码

婆媳关系真的很重要,对于家庭幸福的影响可以说超过五成。婆媳关系最容易在金钱观、家庭观、就业观、爱情观和子女教育观上产生冲突。那么,怎样才能处理好新时代的婆媳关系呢?

首先,婆媳要换位思考,有一种幸福的心态。对于婆婆来说,要进行角色的重新定位,要学着当好顾问而不是做大领导,要"关怀如亲妈,要求如后妈"。对于媳妇来说,不生气,要解气;不改变对方,要理解对方,要做天使,不做天才。所谓"天才"就是无论什么事情都要辩个是非黑白,而天使却能顾及到对方的情绪。也就是说,婆媳之间可以尝试"亲密有间"的新生活,尊重彼此的生活空间,巧妙化解冲突。对待同一个矛盾和冲突,你怎么用巧妙的对话去解决,结局截然不同。

其次,要进行幸福的存款。说,用欣赏的语言;动,有体贴的举动;物,有示爱的礼物,在节日时送婆婆一点礼物是必要的;处,要开心相处,可以做一些两个人都喜欢的事情,如和婆婆一起逛街;碰,亲密的接触,如在母亲节时,给婆婆一个热烈的拥抱,或平时和婆婆一起时,自然地挽住对方的手,肢体语言是感情最好的表达方式。

再次,发挥儿子的中介作用。婆媳关系本来就是亲子关系与夫妻关系各自延伸而形成的一种新的家庭人际关系,儿子在婆媳关系中扮演着"中介"角色。儿子作为婆媳关系的中介点,对婆媳双方的性格特点最为了解,因此,在处理婆媳关系中起着十分重要的中介作用。一是儿子可以帮助婆媳进行心理沟通。平日家中有什么关于婆婆的好事,儿子可以多叫妻子出面,如母亲过生日,买了东西叫妻子出面送给老人等。这些策略都有助于婆媳之间的情感交流。二是婆媳之间发生矛盾时,儿子可以起疏导作用。由于婆媳之间既缺少母子间的亲切,又

第四章 家庭成员相处礼仪

没有夫妇间的密切,所以出现了隔阂往往不容易消除,通过儿子从中周旋,可以消除心理屏障,使婆媳和好如初。

总之,婆媳之间的和谐大法可以概括为三"心"二"意":三"心"即开心、关心、同理心;"意"即善意和禅意。假如能做到这些,谁说婆媳不能相处得好呢?

■ 延伸阅读

婆媳关系有窍门

(1)直接、坦率。说起戴女士嫁到奉化的过程就像是一个传奇。她在19岁那年,与几个朋友从重庆老家来奉化溪口游玩。有当地人热心地为这个土家族姑娘介绍对象,男孩子是徐阿姨的儿子。没有想到,徐阿姨一眼就喜欢上这个重庆姑娘,真心希望她能做自己的儿媳妇。戴女士十分感动,就答应尝试交往。

这场旅途中不期而至的恋爱,使戴女士从千里之外的重庆嫁到了奉化这个地方。婆婆对戴女士像是待亲生女儿一般疼爱;戴女士喜欢吃辣,徐阿姨学着做川菜,全家人陪着吃辣。婆婆还一遍又一遍不厌其烦地教她学本地话,很快让她克服了头痛的"语言关",渐渐地融入当地的生活。

婚后,戴女士和丈夫为了便于工作,从村里搬到溪口镇上一间不足10平方米的暂住房。孙女出生后,徐阿姨丢下丈夫,在他们家附近租了一间更小的房子,帮助儿媳做饭洗衣,照看孙女。婆婆对媳妇好,媳妇当然也把婆婆当作亲生母亲对待。在徐阿姨70岁生日的时候,戴女士特意和两个妯娌一起选了一条漂亮的项链送给婆婆作为生日礼物。当她亲手把项链给婆婆戴上时,徐阿姨感到异常的幸福。

对于婆媳相处的秘诀,媳妇戴女士说:"其实真的很简单,我就把她当作自己的亲生妈妈看待,有什么说什么,直接点、坦率点,母女哪有隔夜仇啊,绝不会把话搁在肚子里。比如说,婆婆无意间说了一句很不中听的话,我就不会憋着生闷气,而是直接坦率地说,妈妈,你这话我听了多伤心啊!她当时也会意识到自己说错了,就歉意地一笑。这一笑,就什么矛盾都没有了。其实很多事情说开了,根本就不是问题,怕的就是闷在心里,想啊想啊,就想出问题来了!"

(2)相互尊重。无论碰到什么分歧,首先想到的是尊重对方,那么所有的矛盾都不是矛盾了。

10年前，台湾女孩小林和慈溪男孩小胡从认识到结婚，仅仅用了3天的时间。当年，他们在美国旅游时邂逅，3天的时间很短，却足够让他们陷入情网。小胡回到慈溪后，告诉父母："我要娶一个台湾姑娘。"小胡的母亲大吃一惊，对于他们的恋爱很有顾虑，毕竟两人相距那么远。可她最终拗不过儿子的请求，答应了两人的婚事。

经过一段日子的相处后，婆婆沈阿姨渐渐地发现这个台湾儿媳善良、孝顺，有着良好的修养，于是真心接纳了她。不过，毕竟她们有着不同的生活背景，两个人在生活上、观念上有着些许的差异，可婆媳俩经常进行着调适。如慈溪人喜欢吃小海鲜，而小林总感到小海鲜刺太多，吃不惯，后经过磨合，渐渐习惯；小林最拿手的是做西餐，沈阿姨在她的影响下，也渐渐喜欢上西餐。

按照慈溪的风俗，春节要一家团圆，可慈溪的天气太冷，一到12月底，小林就冻得受不了。她嫁过来之后的9年里，有8年都是在台湾过的春节，可婆婆对此很体谅，从未有过怨言。

"就是因为我们能彼此尊重，从对方的立场考虑问题，所以我们婆媳两人真的相处得很融洽，几乎没有什么矛盾。"小林笑着说。

(3)包容、不挑剔。小朱与丈夫相识于杭州，在美丽的西子湖畔，他们互许终身。第一次，小朱随着爱人到高雄看望婆婆时，心里有些紧张，可在见面的瞬间，她就彻底打消了顾虑，婆婆对她那么和蔼可亲。而小朱也从先生那里得知了婆婆的不易：她很早就失去了丈夫，一个人坚强地把五个年幼的孩子拉扯大。小朱听了十分感动，因为她也是一个很小就失去父爱的孩子，越发觉得婆婆非常伟大，她应该好好孝敬她老人家。

当她知道婆婆有高血压时，特地带去了整个系列的营养食品，帮婆婆调理身体。婆婆因为患有风湿病，而导致行走困难，她就四处寻找治疗方法。听说有一种方式有非常令人惊奇的效果，她特意拜师学艺，亲自帮婆婆做理疗，帮她揉腿捶肩。每当这时，婆婆都会露出欣慰的笑容，对她说："谢谢！"

而婆婆对她也很好，虽然她们的语言不通，每次都要拉先生当翻译，但这并没有影响彼此的情感。每次他们回台湾，婆婆都要张罗各种好吃的，让她充分体会到家的温暖。

小朱说："我们也遇到过分歧，可只要想到婆婆的出发点是好的，是对我们的一种殷切叮嘱，那么所有的唠叨都不会让我们觉得厌烦。互相理解，多一点包容，不要用挑剔的眼光看对方，那么所有的矛盾都可以解决。"

(4)以心换心、换位思考。杨阿姨和小钟都是杭州人,分别是典型的"五零后"婆婆与"八零后"媳妇。可她们之间没有纷飞的战火,只有融洽的温情。谁说聪明的婆婆不好相处?小钟的婆婆就是一个精明能干的女强人,可她却对小钟十分好,几乎照顾得无微不至。媳妇每次回婆家,婆婆都会做一桌媳妇爱吃的菜,对她的喜好几乎了如指掌。过年包饺子,小钟不吃肥肉,她会另包一些特殊馅的。刚结婚那会儿,因为没有牵挂,小钟又喜欢上网,经常会玩到深更半夜,第二天又难免睡懒觉。对于这些,婆婆从未抱怨过,总说年轻人有年轻人的生活方式,甚至还做好夜宵,递到她的手里。

小钟怀孕时,婆婆更是天天忙前忙后;在婆家坐月子时,婆婆都精心地为她准备饮食。更令她感动的是,婆婆还天天帮助媳妇擦身,为此累得满头大汗。就这样每天被伺候着,她变胖了,可婆婆却变瘦了。"人心都是肉长的,有这么一位好婆婆,你怎么可能对她不好?当我们以心换心,再多的分歧都不能改变我们深厚的感情!"小钟动情地说。

六、子女教育不能溺爱

农村孩子一般要到6岁或7岁以后上小学。上学前的家庭教育是孩子的启蒙教育。启蒙教育阶段,做父母的教育方法不当,会直接影响孩子的一生。上小学以后,父母的言传身教也很重要。这时,父母的一言一行,孩子都看在眼里、记在心上。当孩子用你的言行来反驳你的教导时,请不要惊讶,而应反省自己。养儿不教父之过,养女不教母之过。你可以不必望子成龙、成凤,但你必须教育孩子孝敬长辈、用心学习,决不能因为溺爱而放任自流,那样等于误子、害己、损家、祸国。

■ **故事再现**

孩子的好坏关键在态度

成功学家拿破仑·希尔从小曾经被认定是一个坏孩子。母牛走失了,树莫名其妙被砍倒了,每个人都认定是他做的。甚至父亲和哥哥都认为他很坏。人们都认为拿破仑·希尔的母亲死了,没有人管教是他变坏的主要原因。既然大家都这么认为,他也就无所谓了。有一天,父亲说要再婚。后妈走进家门,走到每个房间,愉快地向每个人打招呼。当她走到希尔面前时,希尔像枪杆一样站得笔直,双手交叉在胸前,冷漠地瞪着她,一丝欢迎的意思也没有。"这就是拿破仑,"父亲介绍说,"全家最坏的孩子"。

继母把手放在希尔肩上,看着他,眼里闪烁着光芒。她说:"一点也不,他是全家最聪明的孩子,我们要把他的本性诱导出来。"后来,希尔在继母的鼓励和教育下,成为了一位著名的成功学家。

故事分析

赏识是祝福

孩子需要赏识,不要老是戴有色眼镜看孩子,赏识可使他们变得越来越好。家长怎样对待孩子,将决定孩子不同的命运。可是,当孩子表现不好时,许多家长却往往一味地指责,抱怨孩子这也不好,那也不行,而很少想过自己的责任,不在自己身上找原因。结果,很多父母把原本活泼可爱、朝气蓬勃的孩子,变成了没有志气、没有理想、自暴自弃、平平庸庸地度过一生的人。如何教育好自己的孩子,与孩子对话,也是一门很深的学问。

实用妙招

教育子女如何"严"

教育子女,我们提倡严爱相济,也就是严字在前,爱字在后。严是手段,爱是基础,健康成长是目标。通过严格地教育管理孩子,达到爱护孩子、培养孩子、使孩子健康成长的目标。

严不是暴力对待孩子,而是用父母的威德和严肃的态度训导孩子。佛学家认为,威即是德,大威即是大德。在父母的严厉教育中,能够让孩子悟到父母对他的爱,就是父母的威德。作为家长,可能我们更多的是严厉,却没有让严厉智慧地传递出爱,让孩子感受到爱。因此,教育孩子不仅仅是"严",在严厉中还要有机智的宽容,在严厉中要有些许的温和,在严厉中要有让孩子能悟到的爱。这就是通常说的恩威并举,"用霹雳手段,显菩萨心肠"。

第四章 家庭成员相处礼仪

父母对孩子的爱不是一种偏私的溺爱,而是对孩子的感情灌注与对孩子提出严格、合理的要求相统一。严格要求孩子正是热爱孩子的具体表现,真正热爱孩子的父母总是能把爱与严结合起来,做到从爱出发,从严出发,去教育孩子。

爱孩子,不等于纵容或放任孩子。只爱不严,不是真爱;只严不爱,也无法真严。父母必须坚持严中有爱、爱中有严。

培养孩子的孝道

百善孝为先。孝敬长辈是中华民族的传统美德,晚辈孝敬长辈,可以使家庭和睦、温馨、幸福。家庭中长幼有序,家人互相关心,将会呈现出其乐融融的气氛,对每个人的身心发展都是有利的。如妈妈喊5岁的孩子去打酱油,爸爸要孩子盛饭、倒水。有的人说"这是虐待",其实,这不是虐待而是教化。如果孩子5岁了还没有分担家庭责任的意识,还没有形成孝敬长辈的习惯,以后就很难改正过来了。

想让孩子知书达理、孝敬长辈,父母要以身作则,并引导孩子从每一件小事做起。《新三字经》里有一句:能温席,小黄香,爱父母,意深长。文中提到的小黄香是汉代一名因孝敬长辈而名留千古的好儿童。他九岁时,不幸丧母,小小年纪便懂得孝敬父亲。每当夏天炎热时,他就把父亲睡的枕席扇凉,赶走蚊子,放好帐子,让父亲能睡得舒服;在寒冷的冬天,床席冰冷如铁,他就先睡在父亲的床席上,用自己的体温把被子暖热,再请父亲睡到温暖的床上。小黄香不但以孝心闻名,而且刻苦勤奋、博学多才,有"天下无双,江夏黄童"的赞誉。

七、幸福一生正确婚恋

恋爱中的人深有感触地对月老说:"爱情是春天的雨,爱情是秋天的风,爱情是飘着的云,爱情是醇酿的酒,爱情是行走的船,爱情是登山的路。"月老回复:"缘分是婚姻前奏,婚姻是油盐酱醋,幸福是同心同德,离散是同床异梦。"谈恋爱找对象,是人生的一件大事。谈对找准了,幸福一生;谈歪找错了,遗憾终身。如何避免遗憾终身,树立正确的婚恋观至关重要。拥有正确的婚恋观,睁开你的大眼睛,认真、仔细地寻找你人生中的另一半,幸福就在眼前。

■ 故事再现

买爱情，自己进监狱

26岁的小游是一家银行的信贷员，她活泼好动、性格外向。但美中不足的是，小游不太漂亮，与银行的其他小姐妹比，她显得比较干瘦，细眉细眼的。在别人出双入对时，她常常揽镜自叹，暗暗企求上天能给自己一段美满姻缘。

一次，银行与关系单位联合举办了一次鹊桥舞会。小游认识了27岁的小张，一家大型国企的副总经理。伴随着一段强节奏的舞曲，小张征服了这个涉世不深的女孩的心。从此之后，这个小张闯入了小游的生活。一些大姐则提醒小游："孩子，这个人来历不明啊，你最好调查一下他的背景。"但已经尝到甜头的小游哪里听得下去，她就如同一只飞蛾一样，向着渴望已久的光，一头冲了过去。认识两个月之后，小张以各种理由向小游借钱，她稍有迟疑，小张就脸色阴沉下来。小游又惊又怕，生怕他从此再也不理自己了，于是赶紧拿钱出来，安抚小张那颗"受伤的心"。

小张用钱越来越大，小游便利用银行信贷员的有利身份，开始在贷款数额上做手脚。尽管她很害怕，但为了留住小张的心，她一而再、再而三地去做。后来，纸包不住火：银行年底查账，小游的秘密被发现了。银行马上报警，小游最终被判处有期徒刑15年。而小张他并不是老总，只是一个办公室的普通职员，而且已经结婚了，还有一个两岁大的孩子。小游终于在监狱中梦醒了。

■ 故事分析

婚姻不能用金钱维护

找个漂亮、贤惠、能干的女人是男人梦寐以求的事情。嫁个好郎君，尽管姑娘们不好开口，也是其怀有的爱情梦。但是，爱情不是金钱能买到的，更不是金钱能维持的，唯有真爱，才能长久。故事中的小游，本是一个有爱情理想的人，但是她的善良和执著被骗子利用，最终坠入犯罪的深渊！尽管骗子可恨，但是小游用金钱维护爱情的观念也是有问题的。恋爱中的女人是盲目的。有一首歌曾经唱道："我情愿再多听些甜言蜜语，我情愿你骗我一遍又一遍。"也许这就是一些被爱情蒙住了眼睛的女人的

第四章 家庭成员相处礼仪

真实心情写照。但在复杂的现实生活中,无论爱情的力量有多伟大,也应保持几分理性的清醒,不把财富当爱情,更不能挑战法律的底线,否则,一场浪漫会化作一场灾难。小游的花样年华毁于"爱情贷款",是个血的教训。男人和女人,相爱了要谨慎接触,了解对方底细,不能盲目恋爱,更不可把财富幻想为爱情。因此,爱情一定要出于真情,不要用金钱去维系,也不要被金钱迷惑。

实用妙招

志同道合重缘分

男女双方的恋爱关系应建立在志同道合的基础上,而不应被爱情以外的附加因素,如金钱、容貌、门第、海外关系等所左右。当然,选择恋人不能完全不考虑双方的经济条件和家庭背景,但这绝不是建立爱情的前提。金钱买不来爱情,门第和容貌也换不到爱情,爱情只能是男女双方发自内心的真挚情感。附加的因素越多,爱情在双方感情上的比重就越低。男女恋爱,要相互尊重各自选择的自由与权利,不能强求。"强扭的瓜不甜",强迫或诱骗对方接受自己的爱情,只能是一种虚幻的爱情,不仅是自私的,也是极为不道德的行为。在恋爱过程中,其中一方如果感到不合意,提出中断彼此间的恋爱关系,重新选择恋爱对象,并不违背道德。另一方不用气馁,只当他或她与你无夫妻缘分,不如做个普通朋友,或当作熟人一样看待。

延伸阅读

理解缘分

有人问隐士:"什么是缘分?"隐士想了一会说:"缘是命,命是缘。"此人听得糊涂,去问高僧。高僧说:"缘是前生的修炼。"此这人不解自己的前生如何,就问佛祖。佛祖不语,用手指天边的云。他朝天看去,云起云落,随风东西,于是顿悟:缘是不可求的,缘如风,风不定,云聚是缘,云散也是缘。

感情也如云,变化万千:云起时汹涌澎湃,云落时落寞舒缓。感情的事如云聚云散,缘分是可遇不可求的风。

世上有很多事可以求,唯缘分难求。茫茫人海,浮华世界。有多少人能真正寻觅到自己最完美的归属,又有多少人在擦肩而过中错失了最好的机缘,又或者有多少人有正确的选择却身处错误的时间和地点。有时,缘去缘留只在人一念之间。

缘即如风,来也是缘,去也是缘,已得是缘,未得也是缘。

让我们好好地珍惜这难得的缘吧。

第五章
城乡交往礼仪

与城里人的交往能力是新型农民应该具备的能力。事实上,城里人有乡下亲戚,乡下人也有城里亲友,逢年过节会相互探望。乡下人需要进城寻找新的就业机会,城市的发展也越来越离不开进城的农民工;城里人需要下乡拓展新的休闲空间,乡村的休闲农业需要城里人去消费;乡村的土特产运往城市,城市的工业品销往乡村。因此,城乡之间的交流是常态,城乡交流有着广阔的空间。乡下人可以主动走出去,和城里人交朋友,加强城乡之间的经济交流与协作,使乡村的劳动力优化分工,使乡村产业合理布局、乡村经济协调发展,使乡下人过上更加富足安康的生活。

一、以诚相待朋友多

和城里人交朋友是件难事,这是因为城乡隔离发展,导致城乡差别越来越大。城里人的人均年收入以万为单位,乡下人的人均年收入以千为单位,甚至以百为单位。经济上的差别,环境、地位的差别,社会福利的差别等,使得部分城里人看不起乡下人,也使乡下人的自尊心受到打击。但是,和城里人交朋友是件好事。好事多磨,有心、存心去办好事,就不要有畏难情绪,就要经得住磨难和失败的考验。城里有好人也有坏人,但好人总比坏人多。和好人交朋友,你会受益匪浅;和坏人交朋友,你会掉进万丈深渊。因此,乡下人和城里人交朋友,一定是和好人交朋友。交好朋友,才会有好结果。乡下人与城里人交朋友的好处大致有三点:开阔眼界、拓宽门路、相互支持和合作。

故事再现

开阔眼界

　　老龚今年38岁,他在大雁滩一处巷口摆摊已近4年。"在家靠父母,出外靠朋友。"抱着这个想法,老龚尽力和所有的人搞好关系,并想着能交上几个城里的朋友。谁料,3年下来,他的这个小愿望并没有实现。他说,有时,当一些回家的居民到他这里买菜或水果时,他故意将称放得高高的,以便让对方满意,可到第二天,当他讨好似的和对方打招呼时,对方爱理不理,这让他感到很寒心。虽然每天路过的居民他基本上都认识,但几年下来,他还是未能交上一两个朋友。老龚说,交不成朋友他也认了,但有时还得受城里人的欺负。去年秋天,他卖水果到深夜,几个醉醺醺的年轻人摇晃着朝他走来,并冲着他说:"老乡,给个果子醒醒酒。"他一听,马上挑了几个好苹果擦干净送给他们。"钱我也不敢要,只是盼着他们能早早离开。"不过,话说回来,也有些好心人使他在这个陌生的城市里感到温暖。在离老龚的摊子不远的楼房里住着一位大妈,有一次卖菜闲聊时,老龚得知这位大妈竟然是他的同乡,这使身居异地、略感孤单的他顿时感觉很亲切。大妈对他很好,有时,她会把一些旧衣服包好送给他,或者和他聊一些家乡的事。而老龚在大妈离开之时,总不忘记随手塞给大妈一些菜。

故事分析

交城里朋友是新型农民的需要

　　无论在农村种地,还是在城里打工,农民要多与城里人打交道、交朋友。城里人的朋友多、见识广,遇到事情主意也多。他们的视野比较开阔,农民和视野开阔的人交朋友,自己的视野也会变得开阔起来。因为,在他们那里,有很多你不知道的但又是你所需要的信息。例如,招工信息、农产品需求信息、科技信息、人才信息等。当你找工作失败的时候,当你的产品滞销的时候,当你需要聘请工程师又找不到的时候,也许城里朋友的一个电话就能帮你解决问题。

第五章 城乡交往礼仪

■ 实用妙招

如何在城里生活

俗话说"入乡随俗",意思是到了一个地方,就要顺应当地的风俗习惯和遵守当地的社会规范。城里人对外来务工者态度不友好,可能仅仅是务工者的一种主观感受,也可能是因为务工者的行为不符合城里的社会规范而与城里人不能相融。因此,了解城镇的社会规范和生活习惯,并且遵守这些规范,是让城里人接纳并与他们融洽相处的重要基础。与城里人相处,关键是要摆正自己的心态。很多农民朋友进城之后一直有一种强烈的自卑心理或者不平衡的心态。如果自己看不起自己,那么别人的关心都会被看成对自己的可怜;别人善意的批评就会被看成恶意的欺负。因此,为了改变这些看法,我们必须树立自信心,发掘自己的优势,肯定自己的能力。

另外,不要拒绝与城里人沟通,也不要排斥讲普通话。因为普通话是最方便交流和沟通的语言,什么地方的人都可以听懂。不要因为害羞或者不好意思等原因不讲普通话,一味坚持讲家乡话,这样不但不利于交朋友,也不利于与别人沟通和学习。在工作和生活中要大胆而坦诚地对待同事、领导、房东和周围的其他人。当他人遇到困难,要热情帮助,做一些力所能及的事情。同时,要学习一些礼仪知识和卫生常识,通情达理,努力追求上进。总之,与城里人交往,不要拒绝沟通和学习,应牢记自己的不足并逐步改正,还要注意发挥自己的优势,增强自信心,坚信通过自己的努力可以使生活变得更好。

■ 延伸阅读

城里人的日常习惯

(1)行车走路要遵守交通规则,尤其注意过马路要走人行横道,不要冒着生命危险跨越马路上的护栏,或者随便乱穿马路。

(2)买东西或者买票都要排队,不要推挤和"加塞"。

(3)坐公共汽车要注意"先下后上",即让下车的人先下来,再按顺序上车。

(4)要有时间观念。就是说要有准确的时间概念,不能像在农村一样讲"一袋烟的功夫""半晌午""天擦黑"等。城里生活节奏紧张,干什么都要严格遵守时间,不守时的人是不受欢迎的。

(5)不要随地吐痰,不要随地乱扔垃圾,要保持环境清洁。

(6)自觉爱护公共财物。不破坏树木、花草、电话亭、地下管道、垃圾箱等一切公共设施。

(7)穿戴得体,举止得当。在城里,如果举止和穿戴过于随便,会受到人们的轻视,如夏天不能在大街上光背、穿拖鞋逛街。衣冠不整会被看作不雅的行为。

(8)养成良好的卫生习惯。这既有利于个人身体健康,也能保持个人良好的形象,促进你与他人的交往。

(9)注意使用文明用语,如"你好""对不起""没关系""谢谢""请问"等。

二、城乡交流生意好

与城里人交朋友,不宜抱有某种目的,如果目的不能实现,就会有一种失落感;更不能有不正当的目的,否则,易伤感情,会损害农民的形象。交朋友要随缘,交朋友就是交朋友,不附带任何其他目的,这样反而会获得意外的收获与惊喜。

■故事再现

和城里人既交朋友又做生意

小唐出生于1970年,是柯城区七里乡少伸村人,18岁就外出打工。2001年,小唐在杭州开了家小吃店,只有35平方米。之后,他在杭州每年都有新店开张,生意越做越大。同时,小唐还接了不少配送业务,浙江警官职业学院、浙江财经大学、杭州师范大学、杭州经济技术开发区管理委员会等单位食堂的农产品均由小唐负责配送。

2010年,小唐开始筹建"新联建"公司,想把衢州农产品送到大城市市民的餐桌上。"我们最先卖的是七里土猪肉。"一次,小唐偶然得知,七里乡治岭村有100多头本地土猪滞销,当地农户一筹莫展,他当即伸出援手,主动替农户经销土猪肉。

"其实,土猪肉是有市场的,只不过山区农民不知道怎么卖。"小唐回忆说。

第五章 城乡交往礼仪

受此事的启发,小唐决定由公司提供"两头乌"的猪仔,让农户代养,再由公司负责卖,解决"卖难"问题。小唐陆续在七里、石梁等乡镇建立了高山蔬菜种植和"两头乌"等品种养殖基地。

在石梁镇大俱源海拔800多米高的山腰上,"新联建"公司建了个有机蔬菜基地,总面积达200000平方米。"我们种的茄子、黄瓜、番薯从不治虫、施化肥,只施有机肥,因此,土壤十分肥沃,种出的蔬菜深受消费者喜爱。前不久,基地的12000平方米黄瓜一上市就被订购一空。"小唐坦言,有机农产品以会员消费为主,配送高端家庭用户。

■ 故事分析

农产品越来越受城市买家欢迎,但很难卖好有很多原因。农产品"卖难"既有区域性、结构性、季节性及突发性市场波动等方面的原因,也有生产、流通、管理等方面的深层次体制原因。故事中的小唐,利用和城里人交朋友的便利,把自己的农产品送上了城里人的餐桌,既和城里人交了朋友,又拓展了自己的生意,还赚了大把大把的票子,真是一举两得的交往。

■ 实用妙招

如何做城里人的生意

农民把自己的土特产运进城里,卖给城里人或者大超市,是城乡交流的重要内容。大超市的购物环境是一般的农贸市场无法比拟的,越来越多城里人的生活依赖超市。因此,农产品在超市里很好卖。和城里人做生意,能把农产品卖到大超市虽然很好,但是城里的超市对农产品的包装、质量等要求比农贸市场要严格一些。因此,一般的农产品,特别是小规模生产的农产品,很难与超市柜台挂上钩。农民要和城里人做生意,不能直接和城里人交流,也不能直接和超市对接,要通过农民专业合作社或者农业组织,按照专业合作组织或者农业企业的要求进行生产,把自己的农产品进行一定的包装,才能将其卖到城里去,以农产品为媒介实现城乡交流。

延伸阅读

农产品城乡交流的四大策略

农产品滞销一直困扰着我们广大农民朋友,自从借助互联网营销后,农产品销售实现了质的飞跃。在互联网时代,农产品营销更应与时俱进,结合互联网运作特点助推农产品产业升级。

(1)产品策略。在对区域特色农产品实施饥饿营销产品策略的过程中,首先,要保证区域特色农产品的质量,使消费者能够从所购的区域特色农产品中获得满足感,实现区域特色农产品的效用;其次,要设计适合区域特色农产品特征的包装,包括颜色、大小、容量、方便取放、包装结实等;再次,要使区域特色农产品具有统一且容易识别的标志,主要包括产品识别、品牌识别、地理标志识别、防伪识别、渠道识别、包装识别、认证识别等;最后,要控制区域特色农产品的供给量,控制供给量的主要目的一是保证农产品的品质,二是保证农产品的供不应求。

(2)价格策略。在对区域特色农产品实施饥饿营销价格策略时,应该从两个方面进行。一方面,区域特色农产品的定价要高于同类农产品的定价。区域特色农产品的高价是饥饿营销的一部分,价高不仅能够吸引消费者的注意力,还能引起消费者的共鸣,满足其心理诉求。另一方面,区域特色农产品的价格组合策略要灵活。不同的消费者虽然对区域特色农产品的购买欲望都很大,但是因其购买力的不同导致最后可能只有一部分目标消费者会选择购买。区域特色农产品可以根据重量或者数量的不同,设置不同的包装组合和产品组合,然后根据组合的不同设置不同的价格。灵活的价格策略可以满足不同消费者对价格的要求,这样既满足了消费者的需求,又不失价格优势。

(3)促销策略。区域特色农产品的促销策略主要包括农产品品质宣传、农产品品牌宣传、农产品销售宣传等。农产品品质宣传主要包括农产品的功能、用途、特色等;农产品品牌宣传主要包括品牌文化、品牌理念、品牌价值、品牌地位及品牌归属感等;农产品销售宣传主要包括农产品的上市时间、销售渠道、销售控制等。此外,还可以通过附加值引导,使消费者在购买区域特色农产品时能够得到某种额外利益,如可以根据区域特色农产品的特点设置具有收藏价值、实用价值、文化价值等高附加值的小礼品,以提高区域特色农产品的附加值,促进消费者满意度的提高。除上述之外,对区域特色农产品还应该做好线上的宣传造势,充分利用互联网、移动网及各种微平台进行宣传和互动。

(4)渠道策略。饥饿营销的销售策略主要是订单式销售、预订式销售等,其渠道长度相对较短,可以实现"企业—订单—消费者"的销售方式。区域特色农产品在实施饥饿营销策略时,除了传统渠道建设外,应该更加注重网络渠道的建设,并采用与网络销售渠道相结合的订单式销售、预订式销售及预付式销售等销售方式。网络销售渠道不仅是解决区域性限制的主要途径,而且是减少销售中间环节的主要途径。成功的饥饿营销,不仅能够获得消费者的认同,引起消费者的共鸣,而且能促进品牌知名度和美誉度的提升。当然,并不是所有的区域特色农产品都适合运用饥饿营销进行销售,这就要求企业或者农户在运用饥饿营销之前,必须对自身条件有清楚的认识,否则,就会适得其反,不仅不会促进特色农产品的销售,反而会给区域特色农产品的品牌形象造成负面影响。

三、取长补短进步快

"三下乡"是指文化、科技、卫生"三下乡"。上世纪八十年代初,团中央首次号召全国大学生在暑期开展"三下乡"社会实践活动。1996年12月,中央宣传部、科技部、农业部、文化部等十部委联合下发《关于开展文化、科技、卫生"三下乡"活动的通知》。1997年,"三下乡"活动在全国正式开展。随后,每年初中央各部委都要联合下发相应的"三下乡"活动通知,督促开展系列下乡活动,给农村老百姓带来一些实惠。

1.天上落下及时雨

相对落后的农村需要一些基本的文化、科技和卫生新知识。每年,中央和地方各级文艺团体和解放军医疗队不定期下乡,在暑期大学生都要开展"三下乡"活动。各种活动就像久旱之后的雨露,部分解决了农村人对实用技术和新知识的需求问题。

(1)文化下乡。文化下乡一般由文化部门组织系列活动,包括图书和报刊下乡,送戏下乡,电影和电视下乡,以及开展群众性文化活动。其中,图书报刊下乡有三个方面的来源:一是出版社组织编写农村农民喜欢的书籍,新华书店组织下乡卖书;二是社会团体机构人士、大学生等向"农家书屋"捐书;三是政府采购图书报刊并派发到"农家书屋"。

(2) 科技下乡。科技下乡一般由科技部门、农业部门共同组织系列活动,包括科技人员下乡、科技信息下乡、开展科普活动。其活动内容有:不定期组织农业科技专家、技术人员下乡为农民提供咨询服务,举办农作物、水产、畜牧、农机等技术培训班等。1998年7月,天津市创办了"津沽大地科技直通车"电台节目,农民可以与节目中的专家通电话,咨询农业技术问题,各地争相仿效。

(3) 卫生下乡。卫生下乡一般由省卫计委和市、县卫计委组织卫生下乡活动和卫生扶贫活动,包括医务人员下乡、扶持乡村卫生组织、培训农村卫生人员、参与和推动当地合作医疗事业发展。

2. 田间学习获益大

田间指导的最大优势就是专家和农民面对面讲解现场的实际情况,农民记忆深刻,能更准确地记住技术要点。田间学习比课堂学习、电话咨询效果更突出。

祝桥镇义泓村八组的西甜瓜专业种植农民老金家的瓜苗发病严重,周老师、陶老师等指导专家立刻赶赴现场,在田间进行诊断,判断出此病为甜瓜蔓枯病。他们为瓜农分析了甜瓜发病的原因,同时,提出了降低棚内湿度、多炼苗及尽早拔除发病严重的瓜苗等技术措施,并建议准备一部分瓜苗进行补苗。专家们的热心指导,得到了瓜农的认可。

3. 抓紧机会不放松

"三下乡"是不定期的,时间短、次数少,机会难得。例如,一些农民朋友对"三下乡"的实用农业科技和卫生知识很感兴趣,那么,要学会把实用农业科技和卫生知识用到生产实际和日常生活中去:首先是抓住机遇,积极参加"三下乡"活动,到活动现场了解和学习需要的知识和技术;其次是对症下药,优先解决生产中的技术难点、紧急事件,重点改正生活中的不良卫生习惯;再次是多方面积累技术和知识。从"三下乡"活动中,你只能获得部分有用信息,平时可以多听广播里的讲座,多看农业频道的节目,收集一些大专院校"农信通"的电话号码,将听到的、看到的有用信息,记录在一个专门的本子上。在跟下乡人员交流学习之前,把平时遇到的问题写在纸上,见面时,抓紧机会与专家面对面交流,有礼貌地询问专家,最好把专家的讲解记录下来。笔记慢了,就准备录音笔。如有可能,向专家讨要电话号码,过年、过节给专家发短信息问候,有时间到专家的办公室或家里拜访,这样,你就可能交上一个专家级的城里朋友,今后有问题或急事,你就可能多一位贵人指点。

实用妙招

用好"农信通"

各省市的农林和生物工程院校大都开通了被称为"农信通"的专家热线。农民朋友有紧急问题可以拨打电话,专家可在线指导你解决问题。举例如下:

手机里,农民学会给树"打点滴"。不久前,沭阳一位农民通过"农信通"热线打电话说,杨树生了毛毛虫,但杨树太高,农药喷不到,他只能干着急。热线电话转到农作物病害专家汪教授的手机上,汪教授立即教这位农民给树"打点滴":按比例把药剂配好,把针头插入树皮和木质部的中间,通过树木的水循环系统,把药剂上传到树叶,杀灭害虫。

一条短信,带起全村黑鱼养殖热。家住宿迁市宿城区的包先生,每月一元钱订阅了"农信通"短信。去年5月,他就用黑鱼养殖前景短信联系到了专家顾老师,想详细咨询有关技术。顾老师很快给包先生邮寄了一套技术资料,接着又不断在手机上给予"远程技术支持"。包先生试养的600平方米鱼塘,收获上万斤黑鱼,纯利润达2万元。村里也兴起了黑鱼养殖热,很多人跟他学技术。

第六章
谈话与谈判礼仪

在现实生活之中,有很多时候往往因为一句话,使得你和他人的距离变远了。这让我们意识到说话和聊天都需要技巧,瞎聊和随意说话都可能会给自己和他人带来尴尬和不利。如果你常常因为说错话而得罪人,或者是不知道自己该说些什么、该怎么说,那么你的沟通能力或者聊天技巧就必须有所加强才行。不论在日常生活或在交往过程中,聊天的沟通方式应用的最多、最广。在和他人建立稳定的交往关系时,聊天不仅有学问,而且聊天能聊出机会来。

一、聊天是值得终生学习的知识

聊天又叫"闲谈",即空闲时候说说话。"说说话"当然是有讲究、有学问的事情。和别人聊天,不能光说些自己感兴趣的事,要特别照顾别人的兴趣才行。"说说话"不能乱说,不能哪壶不开提哪壶。这既是礼貌问题,也是策略问题。"说说话"还讲究艺术,遵循十字要领:清晰、准确、恰当、严密、流利。掌握了聊天的礼貌、策略和表达艺术,你也就成功了大半。有目的聊天的作用很大。例如,通过聊天,可以增进同事友谊,拉近邻里关系;通过聊天,也可以交流经验,共同进步;通过聊天的形式教育子女,可以让子女在平等和谐的气氛中愉快地感受并接受你的期望和要求。

1. 拉家常:聊天的常用功夫

在社会生活中,朋友相遇、邻里相聚、同事相处时,大家常常爱拉家常,倾吐心声,相互交流,增进了解。关系亲近、互相信任者之间谈些家长里短的事,叫作"拉家常"。拉家常是体现邻里友爱的一种方式。例如,温暖"空巢老人"的心灵,不让这些老人忍受精神的寂寞。

"今天天冷,你多穿点衣服!"上午9时,刘奶奶像往常一样来到袁奶奶家里,打理81岁的袁奶奶生活方面的事情。

"好,我今天早上把袄子也穿上了,不冷。"袁奶奶说。

和袁奶奶说话的是她的邻居刘奶奶,今年68岁。自汉南社区居委会开展了"邻里结对子,陪空巢老人拉家常"活动后,身体硬朗的刘奶奶就主动报了名,成为社区19名"专职拉家常队"成员之一。

现在,陪老人拉家常是农村社区现实的需要。很多老人在物质上并不缺乏,他们往往缺乏的是精神上的慰藉,"拉家常"活动事虽小,但体现了人文关怀,使邻里关系更和谐。

2. 交流经验:高层次聊天

1996年,肇庆市高要区活道镇鳌头村来了一位六十多岁的老人,大家都叫他"刘叔"。刘叔是一位1948年参军的老兵,1976年转业时是肇庆市东区的一位副处级干部。刘叔请人砌了两间简陋的瓦房,承包了村里的二十余亩山地和一处废弃的山塘。他还热心村里的公益活动,其中之一就是创办"农民聊天室",初衷是为乡邻解决纠纷。没想到"农民聊天室"成了刘叔与村民闲谈农业结构调整、交流养鱼和种果树经验的场所。

"我的目的不是为了赚钱,我在城里有房子住,几个子女也成人工作了,自己每个月还有几千元的离休金,生活已经很富足,但还想为家乡做点事情,落叶归根。"刘叔说。

自从村民跟着刘叔在山上种果树、在田里推鱼塘以后,刘叔那套游击战争故事没人听了,但只要谈养鱼经、种果树经,"农民聊天室"就会挤满人。

改变面貌贵在勤奋学习。勤奋的人在聊天时都不放过积累经验、收集信息的机会。城里退休的老干部刘叔,心系老家,用行动带领乡亲脱贫致富,还想出了办"农民聊天室"的点子,为村民提供了聊天和交流经验的场所,真是一举两得。

3. 教育子女:聊天的热点话题

教育学是每一位学校老师的必修课。学校老师可以用教育学的思想方法来教育别人的子女。农民用什么来教育自己的子女呢?不少人会回答:棍棒、罚跪、不许吃饭。其实,教育子女是一门科学。孩子犯了错,暴力不是办法。父亲打儿子,儿子的第一想法往往不是改正,而是快点长高、长大,不再受父亲的欺负。假如当父亲的人不懂教育学,那也没有关系,可以试试用拉家常、聊天的方式来教育孩子。

这是一段乡村语文教师父亲与上小学二年级的儿子的对话。

父亲:小宝啊,期中考试成绩单发了吧,念一下分数给爸爸妈妈听,好吗?

儿子:语文87,数学58。

父亲:语文还可以,要是能考100分就更好。数学不及格,你心里不着急吗?

儿子:不着急,58就是"我发"的意思。再说,班上还有同学数学考30分呢。

父亲:听说,你班上的杨某某上次还不如你,这次语文和数学都考了100分,你数学考58,心里舒服不舒服?

儿子:有点不舒服。

父亲:为什么不舒服啊?

儿子:哼!他比我还笨,他凭什么分数比我高?

父亲:不要嫉妒他,要看到他的长处。俗话说"笨鸟先飞"。认为自己笨的人就会少玩,多花时间认真做作业。认为自己聪明的人往往贪玩,还会骄傲。你说是吗?

儿子:我又没有贪玩!下次认真做作业就是了。

父亲:为什么要等到下次,从今天起,你就会比他更认真,下次考试一定就会超过他,对不对?

儿子:好喽,那你给我买支新笔!

父亲:下次数学考90分以上就买给你。如果考双百分的话,奖励你两支笔。

儿子:说话算数哦,老爸。

孩子成绩不好,是父母最着急的事,但再急,也不能急到体罚的地步。用聊天的方式去激励孩子的灵性和智慧,比用棍棒去吓走他的灵性和智慧要好一万倍!

■ 实用妙招

"三心二意"拉家常

拉家常也是村干部常用的一种工作方式,得讲究艺术,明确目的,以情感人。

最为关键的是,拉家常要有"三心二意"。

"三心"就是热心、爱心和耐心。即从关心群众生活、维护群众利益出发,通过拉家常掌握他们的所思、所想、所急和所求,并把群众的意见和要求收集归纳起来进行认真研究,对正确、合理的意见和建议,要认真采纳、虚心接受;对于一些不正确甚至错误的意见,不能简单粗暴,要通过摆事实、讲道理,循循善诱,耐心细致地说服教育并加以正确引导,帮助群众提高认识。

"二意"就是诚意和善意。与群众拉家常,不能讲派头、摆架子、居高临下,而应注意营造平等交流、互相尊重、自然轻松的氛围,真心真意地倾听他们的呼声,诚心诚意为他们解难题、办实事,用实际行动感动群众,赢得他们的信任,那么,他们就会愿意再与你拉家常,主动找你拉家常。

二、赞美或批评别人要把握分寸

赞美是做人的基本艺术。赞美也是一种最低成本、最高回报的人际交往法宝。但是,只有发自内心的善意表达才是真正的赞美。与人聊天最好是因人而异,发自内心赞美他人最值得赞美的那些优点。如果是批评,一定要谨慎,先恰当地肯定几条优点,然后心平气和地指出问题和提出建议。聊天主要把握以下三点基本技巧:开启双方感兴趣的话题,赞美和夸奖得当,语言幽默又风趣。当然,能把你知道的有价值的信息拿出来共享,对方一定会感受到你的真诚和无私。

1. 开启双方感兴趣的话题

你在看有关会见和访问的新闻,一定会注意到主持人经常说到某领导会见了某人,"双方就共同感兴趣问题交换了意见"。聊天和正式会谈一样,也是要聊双方都感兴趣的话题。两个熟人在一起聊天,一般都喜欢说自己的事,自己的家庭、个人的某些能耐或者某个方面的爱好。与不熟的人交往聊天,就要聊双方感兴趣的话题,或者主动寻找对方感兴趣的话题。

与不熟的人聊天,一般有五种比较大众化的话题,包括家庭、事业、社会实事、兴趣爱好、朋友等。你可以一个一个的和对方聊,一般来讲这五种话题里面肯定有一种是对方愿意和你聊的。

> 故事再现

在广州开往郑州的火车上,两个互不相识的农民工坐在一起,很快找到了共同的话题。

农民甲:老兄,你到哪里下车呀?

农民乙:耒阳,你呢?

农民甲:我到衡阳,然后乘汽车回常宁。耒阳和常宁很近,我们是邻居老乡哦。

农民乙:常宁的油茶很有名,你家里有油茶树没?

农民甲:有好几亩油茶树,但没有人管理,人都进不了山,茶子没人摘。耒阳也出茶油,而且产量超过常宁了。有什么好的经验传授一下,拜你为师啦。

农民乙:我家也有10亩茶山,原来和你的情况差不多,但现在承包给一家公司了,每亩每年给180元,他们主要是用机械化除草,用国外的品种改良原来的茶树,产量高。

农民甲:我们那里没有人来投资,茶山基本都荒弃了。听说,耒阳人的榨油技术也很不错。

农民乙:我们家附近有个榨油厂,是大公司办的,设备先进,技术一流。

……

> 故事分析

在聊天中,首先找双方的共同点,就能很自然地聊下去。农民甲先是抓住了相邻这个共同点,然后,农民乙又从油茶树试探出一个共同话题。这样聊天很快就拉近了对话双方的距离。

2. 赞美和夸奖得当

> 故事再现

赞美的力量

韩国某大型公司有一位清洁工,本来可能是一个不起眼的角色,但就是这样

第六章　谈话与谈判礼仪

一个人,却在一天晚上,在公司保险箱被窃时,与小偷进行了殊死搏斗。事后,有人为他请功并问他的动机时,他的答案却出人意料。他告诉大家,因为公司的总经理从他身旁经过时,总会不时地赞美他:"你扫的地真干净!"就这么一句简简单单的话,使这位员工十分感动,并在关键时刻挺身而出。

故事分析

赞美是有效的推动力

赞美别人是尊重别人的体现,礼仪的核心就是尊重。赞美别人,就是礼待别人,就是尊重别人。别人得到你的尊重,自然也会尊重你。相互的尊重就会产生一种合力,共同推动事物的发展或者改变事物的发展。就像那位清洁工,因为经常受到总经理的赞美,感受到了人格的尊重,所以关键时候毫不犹豫地挺身而出。因此,在你赞美别人时,你会发现自己拥有无限潜能去感动身边的人。赞美是一种非常有效而且不可思议的推动力量。如果你在从政,那么赞美帮你减少敌对,赢得支持;如果你在经商,那么赞美帮你增加客户,赢得财富;如果你是领导,那么赞美帮你激励下属,赢得尊重;如果你是员工,那么赞美帮你改善环境,赢得信任;如果你已成家,那么赞美帮你提升魅力,赢得幸福;如果你已生子,那么赞美帮你鼓励孩子,赢得未来。

实用妙招

有些人不习惯赞美别人,总是把对别人的赞美埋在心底,通过批评别人来"帮助别人成长"。其实,这个想法是错误的。赞美比批评带给别人的进步要大。那么,如何赞美他人呢?建议你经常说这三句话:你真不简单,我很欣赏你,我很佩服你。这三句话虽然不很具体,但一般的人听了会高兴。同时,还要注意赞美他人有一些基本原则:

(1)要真诚。假意赞美很容易被识破,并破坏他人对你的信任。因此,如果午餐致辞很失败,不要赞美她的演讲,而是谈谈她的努力,感谢她抽出时间到场,并夸奖她的其他成就。

(2)具体化。"这道砂锅味道太棒了"好过"你是一个很棒的厨师","这份销售调研报告一针见血"好过泛泛而论的"干得好"。

(3)不要进行比较。绝不要将某人的成就与他人作比较。赞美需符合情景及赞美者和赞美对象的关系。除非你们相处很久且十分要好,否则,在多数情况下,最好赞美同事的工作,而不是其外貌。感谢别人的赞美之词,但不要回应"你疯了""这没啥大不了的""哦,你不是认真的吧"。

永远不要对赞美进行辩解或表示不屑,这样是对赞美者的侮辱,质疑他/她的判断、标准、品味或真诚。报以微笑则是较好的回应方式,并瞅准时机为他人送上同样愉悦的体验。

3. 语言幽默又风趣

聊天总是在见面相互问候之后,从提问题开始的。回答问题的一方越是幽默和风趣,聊天的气氛就越活泼。幽默和风趣的话语还可以化解尴尬。

■ **故事再现**

传说,希腊哲学家苏格拉底的妻子是个泼妇,常对他发脾气,而苏格拉底总是对旁人自嘲道:"讨这样的老婆好处很多,可以锻炼我的忍耐力,加深我的修养。"一次,他的老婆又发起脾气来,大吵大闹,很长时间都不肯罢休。苏格拉底只好退避三舍。他刚走出家门,那位怒气难平的夫人突然从楼上倒下一大盆水,把他浇得像只落汤鸡。这时,苏格拉底打了个寒战,不慌不忙地说:"我早就知道,响雷过后必有大雨,果然不出我所料。"显然,苏格拉底有些无可奈何,但他带有自嘲意味的讥讽,使他从这一窘境中脱离出来,显示了他极深的生活修养。

■ **故事分析**

幽默和风趣的谈吐使人与人之间的交往变得轻松而愉悦

凡幽默的人多是待人宽厚、与人为善的人,往往不会处处与人为难,时时跟他人过不去,更不会无事生非。一般来说,他总是遇事退避三舍,即使受到不公平的待遇或遭到令常人难以忍受的冤屈,往往也不会怨恨得咬牙切齿,愤怒得破口大骂,甚至拿出杀手锏致对方于死地。但是他会以他独有的宽容方式来作出

第六章 谈话与谈判礼仪

反应,也许带一点嘲讽,当然更少不了自嘲。这样,他不仅不会失礼于人,相反,往往成了更高层次上的胜利者。

延伸阅读

如何学会幽默说话

(1)移花接木,偷换概念。我们知道,词汇具有多义性和歧义性,移花接木就是抓住对方讲话的关键词汇,巧妙地偷换概念。"偷换概念"之所以能产生幽默效果,是因为幽默的思维主要不是实用型的、理智型的,而是情感型的。因此,对于一般性思维来说是破坏性的东西,对于幽默来说则可能是建设性的。

故事一

一位长官到连队巡查,正赶上士兵们吃中午饭。

"伙食怎么样?"长官问士兵们。

"报告长官,汤里泥土太多。"一个多嘴的士兵回答。

"你们入伍是为了保卫国土,而不是挑剔伙食!"长官非常生气地大声斥责道:"难道这个道理都不懂?"

"懂,"士兵毕恭毕敬地立正,又斩钉截铁地说:"但我们不能吃掉国土!"

"国土"这个词,长官指的是领土,士兵讲的是泥巴。

故事二

老师:"今天我们来温习昨天教的减法。比如说,如果你哥哥有5个苹果,你从他那儿拿走3个,结果怎样?"

孩子:"结果嘛,结果他肯定会揍我一顿。"

老师问的"结果"属于数学范畴,可是孩子却把它转移到生活逻辑范畴。

故事三

李总到劳务市场招雇工,对一个应聘者说:"你来给我当雇工吧。"

应聘者说:"好呀,请问你给我多少工钱?"

李总说:"工钱嘛,我给你吃、给你喝、给你住、给你穿,你看怎么样?"

这个应聘者满口答应了,并与公司签了合同。

当天晚上,这个应聘者吃喝完毕就躺下睡觉,第二天10点多钟还没有起床。李总恼羞成怒,训斥应聘者:"你是来打工的,不是来睡觉的,你这个人怎么回事?"

这个应聘者说:"先生,你怎么才来呀? 我现在吃了、喝了,也住下了,按照合同,我在等你给我穿衣服呢。"

招聘者和应聘者所说的"给你穿",当然也不是同一个概念。

运用移花接木法,一定要敏锐地抓住对方话里的漏洞,随之改变原来的含义。偷换概念的目标词汇不同,也会达到不同的效果。

(2)一语双关。一语双关是利用同音异义词或一词多义的现象,有意使话语同时兼有两种含义,一种为虚,一种为实;表面上听起来是一种意思,实际上是借助这种意思表达另外一种意思。一语双关总能在显示智慧之余,令人开怀。

语义双关

《我的伯父鲁迅先生》中有一段对白:

"爸爸的鼻子又高又直,您的呢,又扁又平。"我望了他们半天才说。

"你不知道,"伯父摸了摸自己的鼻子,笑着说,"我小的时候,鼻子跟你爸爸的一样,也是又高又直的。"

"那怎么——"

"可是到了后来,碰了几次壁,把鼻子碰扁了。"

"碰壁?"我说,"你怎么会碰壁呢,是不是您走路不小心?"

"你想,四周黑洞洞的,还不容易碰壁么?"

"哦!"我恍然大悟,"墙壁当然比鼻子硬得多了,怪不得您把鼻子碰扁了。"

在座的人都哈哈大笑起来。

谐音双关

有一位医生说他忙了一下午,众人都问有什么事。他说:"动了个手术。一个小孩,痔疮。"众人都嚷着说:"有没有搞错,小孩得痔疮?"医生回了一句:"没啥奇怪的,有'痔'不在年高嘛。"众人大笑绝倒。

双关的运用关键在于结合当时场景,用一个影射的词汇来说明情况。

(3)自我解嘲与降格。自嘲,就是拿自己开涮,能提现一个人的自信和豁达。自嘲谁也不伤害,最为安全。自嘲可用来活跃气氛,消除紧张;让人在尴尬中自找台阶,保住面子;在公共场合获得人情味;在特别情形下含沙射影,讽刺无理取闹的小人。

自己胳肢自己笑

在人际交往中,当人前蒙羞、处境尴尬时,用自嘲来对付窘境,不仅能很容易

第六章 谈话与谈判礼仪

找到台阶,而且多会产生幽默的效果。因此,自我解嘲,自己把自己胳肢几下,让自己先笑起来,是很高明的一种脱身手段。

启功的学生柴剑虹讲了一个有关他老师启功先生的故事。启功先生是我国著名的书法家,在上世纪70年代末向他求学、求教的人就已经很多了,导致先生住的小巷终日不断有脚步声和敲门声,惹得先生自嘲说:"我真成了动物园里供人参观的大熊猫了!"有一次先生患了重感冒起不了床,又怕有人敲门,就在一张白纸上写了四句话:"熊猫病了,谢绝参观;如敲门窗,罚款一元。"

古代有个石学士,一次骑驴不慎摔在地上。一般人一定会不知所措,可这位石学士不慌不忙地站起来说:"亏我是石学士,要是瓦的,还不摔成碎片?"

抗战胜利后,张大千从上海返回四川老家。临行前好友设宴为他饯行,并特邀梅兰芳等人作陪。宴会伊始,大家请张大千坐首座。张说:"梅先生是君子,应坐首座,我是小人,应陪末座。"梅兰芳和众人都不解其意。张大千解释说:"不是有句话'君子动口,小人动手'吗?梅先生唱戏是动口,我作画是动手,我理该请梅先生首坐。"

一次,陈毅到亲戚家过中秋节。他进门就发现一本好书,便专心读起来,边读边用毛笔批点,主人几次催他去吃饭,他不去,主人就把糍粑和糖端过去。他边读边吃,竟把糍粑伸进砚台里蘸上墨汁直往嘴里送。亲戚们见了,捧腹大笑。他却说:"吃点墨水没关系,我正觉得自己肚子里墨水太少哩!"

自己骂自己最安全

当你想说笑话、讲讲小故事,或者造一句妙语、一则趣谈时,最安全的标的就是你自己。如果你笑的是自己,谁会不高兴?

有一次,财政部长乔治·汉弗走进艾森豪威尔的总统办公室,艾森豪威尔握住他的手并亲切地说:"亲爱的乔治,我注意到你的梳头方式和我一样。"汉弗抬头一看,原来艾森豪威尔和他一样,都是光头。

说自己也能让他人脸红

能够"含沙射影"地让对方感到脸红,既能避免冲突,又可起训诫作用,何乐而不为?

喜剧女演员卡洛·柏妮有一次坐在餐厅里用午餐。这时,有一位老妇人走向她的餐桌,举起手来摸摸卡洛的脸庞。当她的手指滑过卡洛的五官时,还带着歉意说:"我看不出有多好看。""省省你的祝福吧!"卡洛说,"我看起来没多好看。"

降格,就是把事情向下降低层次来表述,跟自嘲类似。

夫妻间难免会产生矛盾和发生争吵。如果双方都没有幽默的话,小吵就会变成大闹,甚至会发展到不可收拾的地步。有一个职工,工作较忙,下班总不能按时回家,经常是妻子回到家把饭菜做好了他还没回来。时间一长,妻子就不耐烦了。有一次妻子生气地说:"你还想家,还要吃饭吗?"他不作声,在饭桌上只是一股劲喝汤。妻子觉得奇怪:"你是不是发神经了?光灌凉水!"他说:"我怕跟你吵起来,多喝点汤,压压火。"一句话逗得妻子哭笑不得:"真拿你没办法。"边说边给他盛了饭,并夹上一大块鱼端到他面前。他双手接过,风趣地说:"谢谢孩子他妈!"全家人一下子都乐了起来,妻子原先的一肚子气也在快乐的气氛中烟消云散。

乔羽是中国著名的词作家,在他和夫人结婚40周年的纪念日,一群朋友前来庆贺。有位年轻人问"乔老爷":"一个男人同一个女人在一起,居然能生活40年之久,真是不可思议。"这一提醒,引得众客人纷纷要求乔羽介绍婚姻成功的经验,并给予评价。乔羽有些不知所措,道:"怎么说呢?"年轻人嚷道:"介绍经验,实话实说!"乔羽把玩着酒杯,沉吟了一下,便缓缓地一字一句道来:"如果让我说实话,我只有一个字,叫作——'忍'!"夫人余琦不待惊愕的人们回过神,又补充了一句:"我也有四个字的经验,叫作'一忍再忍'!"

可见,使用降格的表达方式不仅不会"削弱"自己,有时候反而能在幽默的表达中占据上风,收到出人意料的最佳表达效果。

三、聊天也能聊出机会来

聊天是左邻右舍和亲朋好友沟通信息的好方法。过年通过聊天的方式,亲朋好友可以互相交换收获体会,畅谈来年的打算,展望未来的美好生活;左邻右舍可以回顾彼此相互合作、相互关照的有趣事件,表达对健康生活的追求,对找到致富门路的渴望。若进一步深入下去,聊天既可以聊出生活乐趣,也可能聊出致富门路。机会属于有准备的聊天一族。

1.聊出来的健康生活乐趣

现在乡村有不少的老人,三五成群打麻将、玩字牌,不利于身体健康。做晚辈的不能直接批评老人,只有帮助成立老人聊天活动中心,让老人健康生活每一天。

鼎城区石门桥镇有一个老年聊天组,聊天组成员由8人发展到53人。在一棵30多年的老杨柳树下,和着清脆的蝉声,老人们有的在聊天,有的在读报纸,有的在吹拉弹唱。粟先生得知老人们非常想学锣鼓,特意从自己家里带来一本已经泛黄了的《湖南湘剧、花鼓戏锣鼓经》。粟先生在老年聊天组义务教老人家学锣鼓,自己也成了聊天组的忠实粉丝。"这里是个很安乐的场所,这里不是自家胜似自家,不是天堂胜似天堂,老人之间不是兄弟胜似兄弟。在这里,我们的心情舒畅了,精神焕发,老年人也有了年轻的心,这里是最好的娱乐场所。"说到老年聊天组,今年81岁的高老先生由衷地赞叹。

"我们聊天也有聊天的原则,我们规定了'三要三不要''八句话宗旨'和'八不谈',做到文明聊天、快乐聊天、健康聊天、和谐聊天。"杨老先生说。"要文明,讲文明话,不要讲低级话;要礼貌,尊重别人,不要骄傲自大;要说话和蔼和气,不要开口伤人;老年人聚会畅所欲言,来去自由迟早不限,时事政策做好宣传⋯⋯不谈国家机密,不谈个人隐私,不谈封建迷信⋯⋯"老人们你一句他一句地把这些条条框框都背了出来。

2.聊出来的生产致富门路

有一部分农村家庭开始使用电脑,通过上网和网友聊天,通过远程教育平台学习农业科技知识。台州天台县平桥镇张思村就有这么一个怪人葛先生,他的致富门路是在网上聊天聊出来的。他从远程教育平台上学到技术,成为远近闻名的"葡萄王"。

2004年春,小葛创建了"九穗儿"生态种植园。正在他准备大干一场时,求知若渴的小葛发现自己的种植技术还差得很远,特别是对一些从国外引进的新品种葡萄,怎样梳果、灌溉、防治病虫害等,还有许多不懂的地方。怎么办?他决心利用网上聊天,通过远程教育平台学习技术。那时,生态种植园还没有装上远程教育网,他就跑到镇里和附近的村里去上网,边聊边看网上信息,边写日记边实践,收获很大。

如今,在小葛的"九穗儿"生态种植园中,各种色美、味甜、粒均的珍品葡萄应有尽有,引得省里的专家和四乡八镇的村民前来参观取经。

"如此好吃的葡萄,我还是第一次尝到。能种出这样的果中珍品,在全省实属少见。"专家说。

"同样是葡萄,为什么我们种出来的葡萄品相、品质和价格与你的相差很大?""快说说,你有什么窍门?""我想扩大种植规模,你给我选选品种好吗?"村民们七嘴八舌地问个没完没了。

现在,小葛决定利用远程教育平台为农民兄弟传授种植技术,帮助他们致富。这一想法得到了省里、县里和镇里的大力支持。省里的专家还希望小葛能够总结经验,通过远程教育平台,把他的葡萄种植技术向全省推广,带动更多的农民致富。

农民小葛利用现代聊天工具,拓宽了自己的致富门路,同时,又利用现代聊天工具把自己的种植技术经验介绍给本乡、本省的其他农民兄弟。将传统聊天技巧和现代聊天工具完美结合,农民朋友一定会聊出更多、更宽的致富门路。

3.在聊天中增长生活常识

孩子的成长,一半靠学校,一般靠家庭。在学校里,孩子学的是知识和做人的道理;在家庭,孩子学的是生活常识,而且是不知不觉地从家长那里学到许多生活的常识和道理。这往往是家庭聊天的功劳。

子:爸,今天我很高兴!

父:咋啦?

子:我在学排列组合,最后一道题全班就一个做出来了,你猜是谁?

父:你们的班长,我的干儿子?

子:不对,是你的亲儿子,我!

父:呵呵,真的吗?

子:那还有假!

父:今天你妈抓住小铺里的小老鼠了。

子:真的吗?

父:恩。把一个装水的空盒子放在床下,老鼠爬了进去。你妈紧抱着箱子,搁在外面空地上,上去掐住了它,它把地都拱了个洞哩!

子:哈哈!我妈这是第三次抓老鼠了,咱家不用养猫了!

子:昨天,我去同学家,土鸡新房里有一股油漆味。

父:这好办,只要在新房间内放一碗醋,两三天后,新房的油漆味就会很快消失。

子:爸,我的鼻子上长了两个黑头粉刺,怎么办?

父:洗完脸后,用手指沾些细盐在鼻头两侧轻轻摩擦,用清水冲净,黑头粉刺

第六章 谈话与谈判礼仪

就会清除干净。

子：我裤子上的拉链有点卡，有时拉不动哦。

父：待会去买只蜡烛，先涂上蜡，再以干布擦拭，就能轻松拉动。

子：我的收录机声音不很清楚了，帮我买一个新的，爸。

父：用棉花棒蘸酒精，可以清除收录音机磁头上的灰尘，音质就能复原。

父亲和儿子的亲密关系，往往表现在聊天的平等地位。通过聊天，不仅可以改善父子的关系，而且让儿子学到父辈的生活经验和为人处世的道理，特别是让孩子掌握了有用的生活常识，有利于锻炼出独立的生活能力。

实用妙招

聊天"六不谈"和网上聊天"五不要"

聊天"六不谈"

一不谈有损人格、贬低他人家乡的话题。和他人聊天中，不可说不在场人的坏话，那是喜欢评头品足、缺乏修养的人才干的事；更避免说出贬低他人家乡的话，否则，会让聊天对象的心情不愉快。

二不谈容易激发矛盾的话题。在交谈聊天中难免失言引起误会，应立即表示道歉。如果对某个问题的看法不同，应当尽量绕过去不谈。哪怕是大是大非的问题，也要保持冷静，不可出言不逊，伤了和气。

三不谈国家、单位机密和个人私密的话题。保守国家保密是公民的职责，如果把国家机密泄露给外国人，那就是叛国，要追究刑事责任；如果把公司的商业机密泄露给其他人，那就是缺乏职业道德，公司将追究你的经济责任；如果把自己的秘密泄露给他人，那就是愚蠢，有一天你会后悔莫及；如果探听他人的秘密，那也不合适。

四不谈拨弄是非的话题。讨论张家长李家短的话题容易引起矛盾，影响团结，不利于建立良好的人际关系。专长搬弄是非的人，人品一定有问题，需回避并保持距离。万一被这种人缠上了，一定要警惕、谨慎，既不说也不信，尽快脱身。

五不谈捕风捉影的话题。有道德、重责任、讲诚心的人，是不会传播小道消息的。但爱动歪脑筋的人，捡到封条就是印，捕风捉影，一传十、十传百，结果"假作真时真亦假,无为有处有还无",颠倒是非,害人害己。

六不谈对方敏感的话题。聊天忌讳随心所欲、信口开河。切记避免揭露对方短处、戳对方痛处的话,有损他人自尊心的话,打击他人自信心的话,事关他人隐私的话,涉及他人生理缺陷的话,引发他人家庭矛盾的话,触及宗教信仰和民族风俗的话。

网上聊天"五不要"

一是不要轻易相信陌生人,谨防上当受骗。

二是不要随意在网上购物,以免带来麻烦。

三是不要与网友见面,要小心被人谋财害命。

四是不要发低级下流的帖子,要语言文雅。

五是不要贪便宜买盗版软件,要购买正规的软件。

四、自己的谈判要把握主动权

在发达而又富裕的城市社区,遇到麻烦事,人们普遍到律师事务所聘请律师,并委托律师全权处理。在广大农村,遇到需要谈判的事情,请一个律师帮忙是不普遍也不现实的。自己的事情需要自己来做主,需要自己去谈判解决。特别是农民工这个弱势群体,一些应该有的权利和应该获得的利益时常被别人变相剥夺,或者因为软弱而放弃,他们很需要懂得谈判,以争取自己的利益。没有外出的农民也会遇到需要谈判的事件,最需要了解的谈判类型有三种:村务谈判、经济谈判和化解纠纷谈判。

1.村务谈判

在乡村事务管理中,村干部之间及村干部和村民之间的意见分歧,就需要坐下来好好交谈,就分歧和共同点交换意见,寻求一致。这一类交谈过程就是"村务谈判"。例如,"一事一议"的村民大会,既是讨论会也是谈判会。被称为"阳光工程"的财务公开是村民最关注的村务管理事项之一。而财务公开需要群众的监督,出现问题时,监督过程也是谈判过程。

广西壮族自治区南宁市大桥镇新道村村务公开事项的改进,就是村民和村干部谈判的结果。以前的村务公开内容和方式,群众不满意,就提出村务公开,让农民自己点题,把公开内容的选择权交给农民,变"村务公开什么,群众就看什么"为"群众想看什么,村务就公开什么",有效避免村务公开走过场、流于形式现

第六章 谈话与谈判礼仪

象的发生。这个意见提出后,村委会感受到压力,迟迟没有采纳,在一个小组长的推动下进行了几次谈判,最后得到落实:在村务公开栏里开辟"点题栏",明确点题的主体、范围、程序、反馈机制,同时,增设"群众意见反馈栏",设置"群众意见箱";村务公开监督小组和理财小组负责对每期村务公开的内容进行审核公示;有关职能部门加强经常性监督检查,强化责任追究。

农民点题式的村务公开,是政府加强基层民主管理和农民参与村务谈判能力增强的结果。尽管如此,农民对村务公开仍然有五怕:一怕不公开,二怕花架子,三怕掺水分,四怕失时效,五怕增负担。唯有进一步加强农民的谈判能力,卯足农民监督的底气,才能让村务公开更加透明、更加彻底。

2. 经济谈判

在乡村产业发展中,经济交往各方为了达到自己的经济利益目标,就一些提议和承诺进行商谈,达成协议。这类谈判就是经济谈判。"一村一品"或者"多村一品"是农村产业发展的一个重要方向。当产业发展起来以后,经销商、企业就往往利用自己的强势地位,压级压价。单个的农民往往没有能力通过参与经济谈判取得对自己产品的定价权,只有将农民组织起来,才不会任由人宰割。

陕西省某县成规模发展马铃薯产业迄今已有 8 年。2006 年,政府为保护农民利益,推出马铃薯收购指导价,但却引发了一场政府与经销商之间的"暗战"。部分经销商采取降价、少收甚至联合起来罢收等手段,来维护自己对市场的"定价权"。只是在政府运用控制运输车皮等手段后,经销商才勉强接受了马铃薯的指导价,稳定了市场价格,而数十万辛辛苦苦的薯农,只能束手坐等这场"暗战"的结局。

但是,"暗战"的结局没有给薯农增加收益。每当马铃薯要上市销售时,产品价格实际上被经销商和企业所控制,常常是增产不增收,甚至还经常出现"卖难"。2008 年,在有关方面的帮助下,各乡镇成立了农民马铃薯专业协会,通过专业协会与经销商和企业反复"谈判",终于争得了应得收益。全县 102 万亩耕地种的马铃薯,年外销马铃薯 38 万吨,薯农从马铃薯产业中人均获得收入 1100 元。

在市场经济的游戏规则里,政府行为无法代替农民在市场中"谈判"。农民是原料提供者,经销商是流通者,企业是加工者,农民要与这两个市场主体都打交道,不组织起来是没有市场话语权的。农民必须充分依靠政府和干部的力量,

农民社交宝典

大力扶持、培育和引导真正适应市场需要的农民合作组织,才能让农民坐上市场的谈判桌,维护好自己的价格谈判权,千万农民才能取得自身的公平权益。

3.化解纠纷谈判

在中国的传统习惯里,村民之间、邻里之间为某些利益相关的事争执不下时,都是采取中间人调解的方式来处理,很少动用法律打官司。例如,一些田间放水、土地承包、房屋地基等纠纷的调解过程,也就是在中间人参与下的谈判过程。特别是农民外出打工受到不公正待遇,与公司发生利益纠纷时,一般也可以依靠工会组织的帮助,团结大多数农民工的力量,自己做主与企业方进行谈判,维护自己的合法利益。

南京振武环卫废弃物有限公司是一家民营企业。目前,企业里除了经营者和高层管理人员外,95%的员工是外来农民工。2009年初,农民工代表向企业反映,随着公司业务的扩展,他们的岗位工资反而呈现下降趋势,要求企业就"土石方工程运输"计件工资接受农民工提出的新方案,企业方不同意,于是产生了劳动计件方式的分歧和利益纠纷。

过去,这家公司主要从事环卫系统内的废弃物收集,因此,运输的价格是按照公里数来计算的。近年来,随着市场竞争日益激烈以及公司实力的增强,振武公司开始涉足建筑物拆除及运送、仓储物流等业务。由于这些业务的开展,故原先一条固定线路运输几个月的模式被改变了,现在难以统计出每条线路的公里数。另外,目前运输线路也呈现出逐步增长的趋势,这就出现了新的矛盾:过去是按固定的公里数来确定土石方运输价格的,现在线路增多、线路增长,可价格还是按固定线路的价格计算,使得运输人员的总体运营价格呈下降趋势。

针对这一矛盾,农民工集体提出将按公里数计算计件工资单价换为按产值比例确定计件工资单价。企业方与职工就这一问题先后进行了两次协商谈判未果,在这种情况下,区总工会对振武公司的农民工代表进行了培训,指导农民工如何让劳资双方兼顾对方利益而相互妥协和让步。在随后的第三次协商中,双方最终达成了"土方运输工资按10%产值比例提取"的协议,有效地保护了农民工权益,同时,也化解了一场劳务纠纷。

农民工化解纠纷要团结一致,依靠集体的力量和资方进行谈判较量,遇到困难时不气馁,必要的时候寻找工会组织的帮助。在乡村,化解纠纷最好请村干部出面,进行调解谈判,使左邻右舍从误会走向理解,从摩擦走向和谐。

实用妙招

谈判六阶段

一是导入阶段。该阶段主要是让谈判参与者通过介绍相互认识,彼此熟悉,以创造一个有利于谈判的良好气氛。

二是概说阶段。谈判各方简要亮出自己的基本想法、意图和目的,以求为对方所了解。

三是明示阶段。根据前一阶段谈判各方表述的意见,尤其是相互存异或有疑问处,谈判各方此时会进一步明确各自的利益、立场和观点。

四是交锋阶段。谈判各方的目的都是为了获得自己所需的利益,自然就会有矛盾,而矛盾的激化就会导致对立状态的出现。这时候,谈判各方互相交锋,彼此争论,紧张交涉,讨价还价,逐渐确定妥协的范围。

五是妥协阶段。交锋的结束便是寻求妥协途径的时刻。妥协阶段就是各方相互让步,寻求一致,达成妥协。

六是协议阶段。在这一阶段,谈判各方经过交锋和妥协,求同存异或求同去异,基本或一定程度上达到自己的目的,各自在协议书上签字,握手言欢,谈判宣告结束。

五、把握技巧才能从容应对谈判

在复杂的社会生活中,谈判无处不在。谈判,既讲究进攻技巧,也讲究妥协艺术。谈判不仅需要选择宽松的环境,也需要隐藏你的感情;谈判必然要懂得如何较量、又不会引起冲突的良策。农村要进步,产业要发展,农民也需要组织起来学习谈判技巧,与各种利益集团进行谈判,以获得公平的利益分配结果。例如,在经济谈判中,如何给对方制造压力,并化解对方给你制造的压力,如何收尾,并取得胜利,同时,让对方还想和你继续合作,这很需要技巧!作为一个农民谈判能手,应当掌握哪些谈判技巧,注意哪些基本事项呢?主要有几个关键点需要把握:熟知法律、知己知彼、不卑不亢、举重若轻或举轻若重、不激怒对方。

■ **故事再现**

浙江金鹰股份有限公司的傅老板曾是个农民,更是位谈判高手,他善于运用策略,面对外商则不卑不亢,充分体现了企业家的胆识和气魄。在1994年的国际纺机博览会上,傅老板看中了日产PD3针梳机,这是绢纺生产衔接前后工序的关键设备,于是他向日方厂家提出引进技术的合作意向。首次谈判是在名古屋市举行,傅老板要求日方提供产品完整的图纸、技术工艺,并参观关键设备加工现场。起初日方只同意提供要价不菲的图纸,拒绝其他要求。经过6个回合的谈判、争执、对峙,仍无结果,最后,傅老板与日方签署了谈判备忘录。回国后,他先将日方送与代表团的近10万日元礼金如数退回,然后亮出一张出人意料的底牌,在备忘录政府签字一栏中,巧妙地将相关部门不同意的信息反馈给日方。

也许是被傅老板表现出的国格和人格所打动,第二年年初,日方再次邀请傅老板前去考察,不但同意他参观关键设备加工现场,还签署了合作意向书。PD3针梳机技术的引进,为绢纺产业进步起到了积极作用。

■ **故事分析**

浙江金鹰股份有限公司是中国海岛城市——舟山市第一家上市公司。15年前一次国际贸易谈判的成功,既奠定了公司持续发展的基础,也使傅老板树立了维护国格、人格的典范。中国的企业谈判需要这样的不卑不亢,中国的农民谈判更需要这样的不卑不亢。

■ **实用妙招**

谈判的非语言技巧

美国的一位著名学者艾伯特曾提出一个公式:信息的全部表达=7%语调+38%声音+55%肢体语言。我们把肢体语言作为非语言交往的符号,因此,在人际交往和谈判过程中的信息沟通,肢体语言更加重要。这似乎有点夸张,但也有些道理。如何运用肢体语言技巧呢?

一是善意的目光。目光接触是人际间最能传神的非言语交往。"眉目传情"

第六章 谈话与谈判礼仪

"暗送秋波"等成语形象地说明了目光在人们情感交流中的重要作用。在日常生活中能观察到,往往主动者更多地注视对方,而被动者较少迎视对方的目光。谈判需用善意的目光注视对方。

二是合适的衣着。衣着本身是不会说话的,但人们常在特定的情境中以穿某种衣着来表达心中的思想和建议要求。谈判桌上,可以说衣着是"自我形象"的延伸扩展。同样一个人,穿着打扮不同,给人留下的印象也完全不同,对谈判效果也会产生不同的影响。

三是端庄的体姿。我国传统观念很重视在交往中的姿态,认为这是一个人是否有教养的表现,因此,素有大丈夫要"站如松,坐如钟,行如风"之说。

四是优美的声调。一般情况下,柔和的声调表示坦率和友善,在激动时自然会有颤抖,表示同情时略为低沉。不管说什么样话,阴阳怪气的,就显得冷嘲热讽;用鼻音哼声往往表现出傲慢、冷漠、恼怒和鄙视,这是缺乏诚意的,会引起人不快。

五是轻松的微笑。微笑来自快乐,它带来快乐,也创造快乐。在交往过程中,微微笑一笑,双方都从发自内心的微笑中获得这样的信息:我是你的朋友。微笑虽然无声,但是它说出了如下许多意思:高兴、欢悦、同意、尊敬。即便是在谈判桌上,也请你把"笑意写在脸上",那是成功的暗示。

延伸阅读

谈判的要求

(1)熟知法律。无论什么类型的谈判,都需要遵守游戏规则,任何规则都必须在国家法律允许的范围内。熟知法律,谈判才不会犯错误,轻松战胜对方;熟知法律,你才会理直气壮地争取合法权益;熟知法律,你就不会被对方的嚣张气焰所吓倒。参与谈判,必须有熟悉相关法律的人。如果一时找不到熟知法律人士,自己就得赶紧查阅相关的法律知识,以备谈判所用。例如,参与房屋土地纠纷谈判,至少要查阅物权法、继承法、民法通则、房地产管理法、土地法、农村土地承包法以及其他相关的房地产及建筑法律法规。查阅的方法,一是到大一些的图书馆查看法律典籍,二是到网上搜索下载。

(2)知己知彼。《孙子兵法》有句名言叫作"知己知彼,百战不殆"。意思是

农民社交宝典

说,在军事纷争中,既了解敌人,又了解自己,百战都不会有危险。谈判要取得胜利,也是同样的道理:首先要了解自己在这场谈判中的优势和缺陷,以便扬长避短;同时,要摸清对方的谈判底线。掌握对方底牌有4种方法:

一是火力侦察法。主动抛出一些带有挑衅性的话题,刺激对方表态,然后,再根据对方的反应,判断其虚实。

二是迂回询问法。通过迂回,使对方松懈,然后乘其不备,巧妙探得对方的底牌。在主客场谈判中,东道主往往利用自己在主场的优势,实施这种技巧。东道方为了探得对方的时限,就极力表现出自己的热情好客,除了将对方的生活做周到的安排外,还盛情地邀请客人参观本地的山水风光,领略风土人情、民俗文化,往往会在客人感到十分惬意之时,就会有人提出帮你订购返程机票或车船票。这时客方往往会随口就将自己的返程日期告诉对方,在不知不觉中落入了对方的圈套里。至于东道主的时限,他却一无所知。这样,在正式的谈判中,客方受制于他人也就不足为奇了。

三是聚焦深入法。先是就某方面的问题作扫描式的提问,在探知对方的隐情所在之后,然后再进行深入,从而把握问题的症结所在。

四是示错印证法。探测方有意通过犯一些错误,如念错字、用错词语,或把价格报错等种种示错的方法,诱导对方表态,然后探测方再借题发挥,最后达到目的。

(3)不卑不亢。不卑不亢是做人的品格,也是谈判的技巧。在谈判中低三下四,表明你理亏,既然理亏就会受制于人;如果傲慢自大且得理不饶人,就会激怒对方,也会给谈判造成困难。因此,谈判说话要有恰当的分寸,既不低声下气,也不傲慢自大,以高尚的品格和人格打动对方。

(4)举重若轻或举轻若重。所谓"举重若轻",就是在讨论重大问题、难点问题或双方分歧较大的问题时,可以用轻松的语言去交流。这样就不至于把谈判双方的神经搞得过于紧张,甚至引发谈判的僵局。所谓"举轻若重",就是对那些双方分歧不大,甚至一些无关紧要的小事,倒可以用严肃认真的神态去洽谈,一是表明认真负责的谈判态度,二是可以利用这些小事冲淡或化解关键的分歧。

如春秋战国时期,苏秦就用这种灵活的方式说服西周,顺利地解决了一次东西周之间的水利纠纷,并且拿到了双份奖金。

当时,东周为了发展农业,提高农作物的产量,准备改种水稻。西周在高处掌握着水资源。知道东周改种水稻的消息后,西周坚持不给东周放水。东周非常着急,于是发出话来,谁能去说服西周放水,国家就给予重奖。这时,苏秦就自告奋勇去说服西周。他到了之后就对西周人说:"我听说你们不给东周放水,这个决定可是不高明啊!"西周人问:"怎么不高明呢?"苏秦说:"你们不给东周放水,他们就没有办法改种水稻,只能改种小麦。这样,他们就再也不用求你们了,你们和东周打交道也就没有主动权了。"西周人问:"苏先生,以你的意见怎么办好呢?"苏秦说:"要听我的意见,你们就给东周放水,让他们顺利地改种水稻。改种水稻就常年都需要水,这样,东周的经济命脉就掌握在你们手里了。你们一断水他们就完蛋。他们时刻都得仰仗你们,巴结你们。"西周人听了觉得有道理。不但同意给东周放水,还重重奖励了苏秦。

理性的谈判,既要灵活机智,又要果敢坚强。要说服一个重要人物,就要向古人苏秦那样,举重若轻,思路敏捷、逻辑周密地思考问题,站在对方的立场说服对方。

(5)不激怒对方。谈判的目标就是赢得利益或化解矛盾。谈判有输赢的结果,也有双赢的结果,大到国与国的贸易谈判,小到劳动合同签约谈判。在各类谈判中,特别是纠纷调解谈判中,千万不要用过激的语言和行为去激怒对方,以免发生意外的肢体冲突。尤其是有利的一方,要懂得"得理且饶人"的策略,而不可"得理不饶人",逼得对方"狗急跳墙",导致谈判没有结果。谈判,既要坚持原则,据理力争,不能轻易地妥协,也要学会在适当的时机作出小小的让步和妥协,给对方一个台阶,也是给自己更宽松的回旋余地。请记住:退一步海阔天空,赠人玫瑰手留余香。